写真 康熙

陈捷先⊙作品

商务印书馆

2011年·北京

涵芬楼文化 出品

谨以此书贺

昌彼得先生八十嵩寿

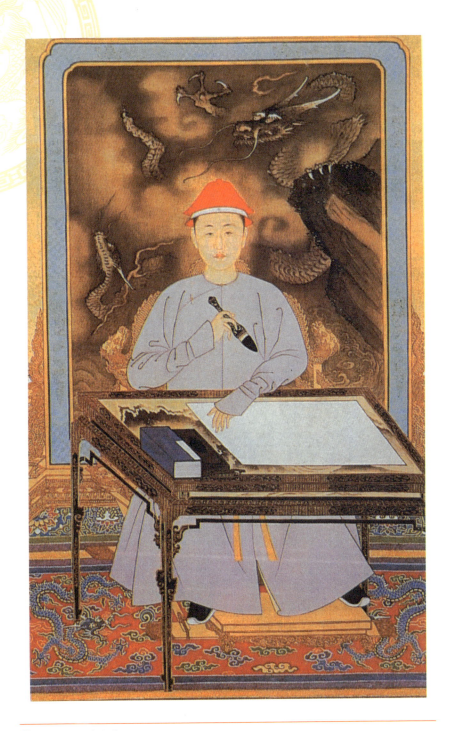

青年玄烨读书像

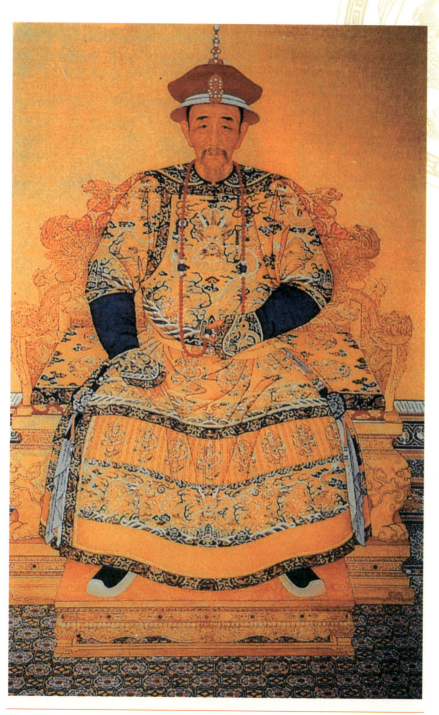

康熙皇帝朝服像

❀ 康熙生母为佟佳氏（图上左），虽然母以子贵，与嫡后（图上右）并称两宫皇太后，可惜红颜薄命。

康熙时代与西洋传教士关系密切，汤若望为其中之一（图上）。法国传教士白晋所著《康熙帝传》的扉页图（图右），可代表西方人眼中的康熙。

康熙有可能在南巡途中将汉人女子带回宫，图为《康熙出巡画屏》。

✿ 康熙十分重视皇子的教育，图为皇十三子胤祥（图上左）及皇十四子胤禵（图上右）。

✿ 清朝暖帽（图下）

康熙皇帝一生酷爱书法，这是他所书写的佛经。

涅槃三世諸佛依般若
波羅蜜多故得阿耨多
羅三藐三菩提故知般
若波羅蜜多是大神咒
是大明咒是無上咒是
無等等咒能除一切苦
真實不虛故說般若波
羅蜜多咒即說咒曰
揭諦揭諦
波羅揭諦
波羅僧揭諦
菩提薩婆訶
般若波羅蜜多心經
康熙歲次癸未十月
初三日敬書

清朝短统弓鞋

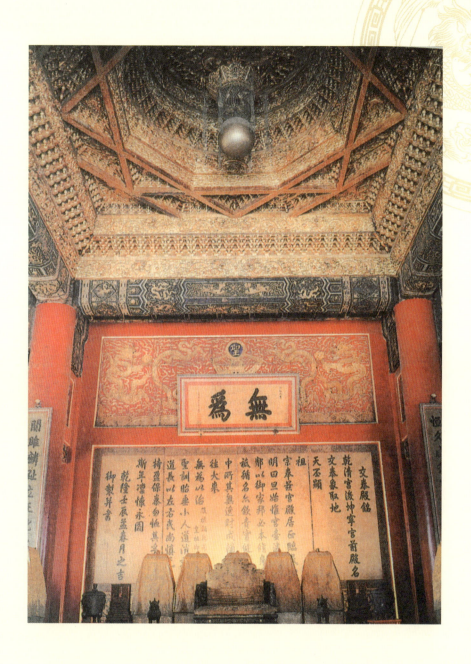

交泰殿为皇后升殿受贺之处，正中所悬"无为"横匾即为康熙御笔。

台南延平郡王祠民族文物馆藏郑成功图

青年康熙戎装像（图上） 康熙亲征噶尔丹的马上雄姿（图下）

清朝冷枚所绘的《避暑山庄图》

"澹泊敬诚殿" 为避暑山庄宫殿区的主体建筑

❀ 康熙向南怀仁（图上）等传教士学习西洋科学知识，并使用算桌、计算尺等
（图下）来学习数学。

捕鹿

《诸罗县志》所载"捕鹿"木刻画，表现台湾原住民善跑的才艺。

🏵 康熙陵寝——景陵

16　🏵 景陵远眺

康熙写真

《康熙写真》

冯尔康

　　非常高兴读到挚友陈捷先教授新作《康熙写真》，嘻！不要用"挚友"这样文绉绉的词儿，陈教授使用通俗的语言，写真实而有趣的历史故事，我何不直接地说好朋友哩！好友的心是相通的，我们作为读书人，学术品味竟是这样地相同：陈教授用这部著作，实践他撰写通俗读物贡献给读者的主张，而我在去年出版《清人生活漫步》小书，在前言中说到写作用意，是想写"知识量丰富的、贴近人们生活的、富有情趣的东西"，"让读者在轻松的气氛下阅读，看了是一种精神上的享受，既增长了知识，又愉快地度过闲暇时光，岂非一举两得"。可见我们的趣味是多么地相投啊！因此乐于向亲爱的读者倾诉我阅读的感想，也许你读后同我的想法是那样的契合。

　　康熙皇帝是一位了不起的君主，武功文治不必说了，对臣下很有仁慈的美誉，就是晚年废立太子的事够他伤心的，也大得人们的同情。陈教授向读者推荐什么样的康熙呢？他写了关于康熙历史的五十个方面，也就是五十个题目，向读者展示活生生的康熙：是自然体的人、生活中的人、家庭中的人，同时是理政的君王。陈教授描述了康熙的相貌、血统和殡天，讲了他的生和死，这是自然现象，人人都有经历的，相貌、血统与生俱来，不可选择，是人的自然状态。人们阅览现代人的传记，常常会看到

1

许多帧照片，康熙时代还没有照相技术，但是有画像，陈教授写自然人的康熙，就是给他照相。人的日常生活是多方面的，陈教授谈到善于养生的康熙，久病成医，成了"医生天子"，他懂得补药，他对人们宝贵的人参能不能用、在什么情况下吃有独到的看法，他还有治病的妙方——坐汤、食补、偏方。家庭生活中的康熙，按照皇室家法，满人和汉人是不能通婚的，可是康熙有汉人的妃嫔，而且为他生育子女；他重视皇子的教育，依据汉人的习惯给儿孙们起名字；对如同家人的太监自有他的办法。康熙崇奉汉文化，爱好学习，人又谦虚，读书很多，颇有心得，具有多种艺能，写得一手好字；他组织学者修书，中国第一部大类书《古今图书集成》，基本上是他倡导编纂成功的。康熙生活俭朴，然而有其乐趣，喜好戏曲，嗜好打猎捕鱼，怕热，在热河建立避暑山庄，每年要有几个月居住在那儿，得到了狩猎的方便；到了老年，与官民同乐，举行千叟宴；因为健康的关系，有一段时间好饮西洋葡萄酒。康熙的处理朝政，陈教授叙述了五个方面，一是皇位问题，讲他的继位，那时他年方幼稚，自己不能做主，至于皇太子允礽的立与废，就是他办的事情了；二是乾清门临朝御政，鼓励亲信臣子写秘密奏折，亲自在上面写批语，主张并实行君主乾纲独断，大权不假手于人；三是稳定边陲，评定吴三桂等三藩叛乱，粉碎蒙古噶尔丹的进攻，加强对西藏的经营；四是经营和开发台湾，台湾内附与决策建设台湾，重视台湾原住民的才艺，在内地试种台湾芒果，并送优良品种来台试种西瓜；五是对外关系，击败沙皇俄国的东侵，遣使欧洲，图理琛出使俄国，学习西方科学文化技术，用西洋人测绘地图。同时中国古籍也经过传教士传播到西方。陈教授写真的康熙，聪明好学，以汉学为主，兼收西洋文化，多才多艺，爱好运动，勤于理政，所向成功，生活朴素，晚年家难，伤透脑筋，他把康熙个人的禀赋、性格、理政、生活，几乎全面托显出来，并且透过他的活动，将康熙一朝的政治经济文化政策，特别是重大政治事件表现出来，人们说一部好的人物传记，能够反映出他那个时代，陈教授的书，岂不是康熙时代的缩影！

陈教授管他这部著作叫做小品,学术界也把它称作学术散文、札记、随笔,它不像严格意义的学术著作,讲究科学性、系统性、完整性,要有深入周密研究才能写得出来。小品与学术专著似乎有个品级的差别,其实不在名位,而在实际,小品要写好,要做到深入浅出,没有精深的研究是写不成的,也写不出好作品的,在一定意义上来说,不是大学者撰写不出精湛的小品,陈教授就是身为有名的史学家来书写通俗的历史读物。他在本书动笔之前,对康熙历史做过多方面的探讨,这里仅想举一个事例,读者便自可知晓。1999年陈教授在天津南开大学举办的"明清以来中国社会国际学术讨论会"上,发表了题为《康熙与医学——兼论清初医学现代化》的报告,全面论述了康熙对中西医的认识和政策:他患疟疾,服用西药金鸡纳霜治好的,从而对西医产生好感,征集西洋医药专家到北京,炼制西药,使用西医西药为人治病,打破传统观念,下令推广种牛痘;他自己钻研西洋医学知识,指使最好的画家专画人体解剖图像;他对中西医学从不迷信,有用、有益的成分就拿过来使用,否则不予考虑,对西药是先接受其实物,而不是西医制度。康熙开启了中国医学现代化,但没有走得多远。陈教授把这样专深研究的成果,转化到《康熙写真》中,难怪"医生天子"等篇内容丰富,文字流畅,令读者易于接受。这就是深入浅出,不是陈教授这样的大家很难做得到。小品岂可小视!

那么陈教授为什么要用小品的文体来反映他的学术研究成果呢?他充分看到传统史学著作表达方法的缺陷,要用自己的创造加以改变。他说"学术著作往往是在义理与考证上着眼,内容是冗长、艰深的,加上文献史料的征引,必然显得枯燥,更谈不上供人消遣了";因此阅读的人不多,影响更少,他批评得完全符合实际。陈教授深知此中的弊窦,因此"一直想以通俗的表现形式来写清朝真实的历史",同时认为史学小品,"只要作者能向锦心绣口的方向努力,也并非全无品位。相反地,可能会有雅俗共赏的妙用,甚至还能产生极大的社会教育功能。与其曲高和寡,作品被人阅读的不多,不如写出人人可读,人人能读,并可深入人心,龙虫兼雕的读物，不也更好吗？"以章节体的形式撰写学术著作是不可缺少的，若有严肃的写作态度，写史学小品，对于众多的读者群不是更有益嘛！

我还体会到，陈教授小品体裁的选择，有着现实的针对性。关于历史的文艺作品，在早先流行的是历史演义，现在丰富多样了，有历史题材的小说、话剧、电影，尤其是近年的电视剧，创造出"戏说"的形式，而制作之多，虽不能说铺天盖地而来，也有令人应接不暇的感觉，并且产生轰动效应，陈教授说它们造成"洛阳纸贵，极为畅销"，"收视率之高，常年不衰，一直凌驾一般时装戏之上"，的确是事实。它们受到如此欢迎，给人以艺术上的享受，还告诉读者、观众历史上有那么一些人的名字，在传播历史知识上也不能说没有一点价值。我是做历史特别是清代历史研究的，当《戏说乾隆》、《戏说慈禧》电视片播出时，不断地有友人，甚而还有同事，一本正经地问我剧中人和事是不是那么回事，使我哭笑不得，只好说那是文艺作品，需要编造加工，无中生有，情节离奇，才能吸引观众，对它不必认真。对于做历史研究的人来说，历史题材的影视剧确实造出不少麻烦，需要为它澄清事实。陈教授说"挂着正史的招牌，做些戏说的勾当，传布错误的历史知识，使读者与观众受害匪浅，这是令治史的人同感不满的，也想急于纠正的"。他所说的不满，不是史学家的门户之见、思想陕隘、对文学艺术不能理解、缺乏宽容，实在是一种责任感、一种职业态度，具有寻求历史真实的精神，才想纠正对历史知识的误传。如果说做历史研究的人没有了澄清史实的责任感，那还做什么历史学家，这也是要请其他领域的人理解的。由此可知，陈教授的写作，是要将真实的历史知识交代给读者，这个愿望怎能不令人尊重而又尊敬！

《康熙写真》，给我们的不仅是一部真实的康熙的历史，也是历史学家以通俗的著作与读者交流，是满怀热忱地希望能给予读者以知识的启迪和阅读的享受，他说，"一个人多读历史书可以增长应付未来生活的能力，多读伟人传记可以提升人的高尚情操，完美心灵智慧"。我想，他以这部高品味的著作，必能与读者合作，达到这种理想的境界。读者诸君，倘若要想从古人那里获得知识的启示，《康熙写真》就是一部可供选择的佳作！

【推荐人简介】冯尔康，1934年4月出生于江苏仪征，1962年南开大学历史系研究所毕业，留校任教职，现为教授，兼任中国社会史学会会长、中华炎黄文化研究会理事，安徽大学徽学研究中心学术委员，主攻清史、中国社会史、史料学。著作有《雍正传》、《清史史料学》、《清代人物传记史料研究》、《中国古代宗族与祠堂》、《曹雪芹和红楼梦》等，主编并主撰《中国社会结构的演变》、《清人社会生活》及《中国宗族社会》、《中国社会史研究概述》等。

前言
通俗与学术之间

　　最近几年，清朝历史大出风头，广为各界人士所欢迎喜爱。不论是《康熙大帝》或是《雍正皇帝》等书，一经出版，都是洛阳纸贵，极为畅销；而电影、电视也争相的推出清朝故事，收视率之高，常年不衰，一直凌驾一般时装戏之上。这种流行的风气，究竟是人为的有心种花或是无意插柳所致，我们暂且不去深究；但是这一流行在社会文化心理上确实产生了巨大的影响力。现在我们在很多场合，常常可以听到有人开口雍正，闭口慈禧，大家似乎都成了清史专家了。

　　清朝历史真是如此重要、值得人们关心研究吗？我的答案是肯定的。因为这个"异族入主"的皇朝不但在疆土开拓与种族融合方面作出过很大的贡献，在复兴与发扬中华文化方面也有其可以颂扬的工作成果。而清朝不少帝王，他们勤于政事、顾惜民生，更是中国历代帝王中罕见的。清朝又是帝制的最后一个朝代，在整个中国史上有承先启后的特殊作用，它的重要性是不言而喻的。

　　然而坊间畅销的清代帝王专书虽是数十万或数百万言的巨著，电视清宫剧也常是几十集的连续作品，但它们的内容却多是不真实的叙述，不正确的事象。挂着正史的招牌，做些戏说的勾当，传布错误的历史知识，使读者与观众受害非浅，这是令治清史的人同感不满的，也想急于纠正的。

清史研究学界过去出版的论著确实不少，而且其中不乏力作，对清史有创新与发明之功；不过学术著作往往是在义理与考证上着眼，内容是冗长、艰深的，加上文献史料的征引，必然显得枯燥，更谈不上供人消遣了。因此，学术性的清史作品，阅读的人不多，受到影响的更少，常常不如一篇清史小说、一幕戏剧，或是如《康熙大帝》那样的书籍能打动人心，令人发生共鸣。

自从移居加拿大以后，我一直想以通俗的表现形式来写清朝真实的历史，刻划帝王们的生活思想，希望能藉以提供读者一些正确的历史知识。这是我个人近年在想法上的一大改变，因为我深信纯学术的史学巨著固然高深雅致，有价值、有贡献；但是短篇的史学小品，只要作者能向锦心绣口的方向努力，也并非全无品位。相反的，可能会有雅俗共赏的妙用，甚至还能产生极大的社会教育功能。与其曲高和寡，作品被人阅读的不多，不如写出人人可读，人人能读，并可深入人心、龙虫兼雕的读物，不也更好吗？

我的这部《康熙写真》小书，就是在这样的背景与思维下成书的。

这本书原来是想以《康熙偶述》为书名的，实在学术了一些、老旧了一些。远流出版公司编辑陈穗铮同学建议我改作《康熙写真》，我觉得很好，这名词很现代、很时髦，大家一定会联想到时下流行的一些影视艺人的写真集，如此比较符合市场经济的规律，比较能吸引读者，也比较能发挥书的影响，改书名有一举数得之利，我又何乐不为呢？

常听人说：一个人多读历史书可以增长应付未来生活的能力，多读伟人传记可以提升人的高尚情操，完美心灵智慧。但愿我的这本小书，也能让读者得到这些益处。

本书的问世，有很多人需要感谢。首先得感谢内子侯友兰女士以及台大老友刘景辉、叶达雄两位教授，因为他们的鼓励，我才动笔写成这本小书。另外游奇惠、陈穗铮、傅郁萍三位协助出版，陈龙贵、林天人帮忙校对与联络，也是应该致上谢忱的。

2000年夏于温哥华北岸山边屋

一

康熙继承之谜

　　清朝是满洲人建立的，有关他们祖先部族首领的继承制度，因为没有史料可以参考，所以我们知道得不多。不过到了17世纪初年，满族兴起了，在中国东北边疆的辽东地区，逐渐兼并了很多其他的女真部落，最后建立了后金政权。在公元1622年（即后金天命七年，明熹宗天启二年）后金大汗努尔哈齐对他的子侄说：

> ……继朕而嗣大位者，毋令强梁有力者为也。以若人为君，惧其尚力自恣，获罪于天也。且一人纵有知识，终不及众人之议。今命尔八子，为八和硕贝勒，同心为国，庶几无失。尔八和硕贝勒内，择其能受谏而有德者，嗣朕登大位。若不能受谏，所行非善，更择善者立焉。

　　这是努尔哈齐晚年让他的子侄们共同议政的开始，也为他死后建立了一种汗位继承的制度。根据他的说法，我们可以了解当时满族汗位的传承制度是不同于汉族的立嫡立长制的。他们是由位高权重的贵族们互相推举

康熙继承之谜

出领导人的，而且也不像汉人是在皇帝未死之前就预立储君，努尔哈齐所订的办法是在大汗死后才举行公推选举的，这与草原民族的旧有习俗差不多，有些像蒙古宗亲大会（库里尔台）推选部族首领的情形。

努尔哈齐死后，贵族们推举皇太极为大汗。皇太极不负众望，守成兼创业地建立了清朝，后来更降服了朝鲜与部分蒙古部族，进兵华北，问鼎中原。公元1643年，皇太极病逝沈阳，满族贵族们在妥协下推举出年仅6岁的福临为君，年号顺治；第二年李自成攻陷了北京，崇祯皇帝自缢，后来吴三桂带领清兵入关，满族做起了大中国的主人。顺治皇帝在位18年，死后由他的儿子玄烨继承皇帝大位，年号康熙。这位后来扬名中外的康熙皇帝是如何继承大统的呢？清朝官书里有这样的一段记述：

> ……（康熙皇帝）六龄时，尝偕世祖皇二子福全、皇五子常宁，问安宫中。世祖各问其志。皇五子甫三龄未对。皇二子以愿为贤王对。上（指康熙）奏云：待长而效法皇父，黾勉尽力。世祖皇帝于是遂属意焉。

上引文中的"世祖"是顺治皇帝死后的庙号。由此可知：康熙皇帝的继承是因为他的回答，令他父亲满意而意属他为继承人的。假如以上官书所记是可信的话，那么清朝入关后第一位皇帝在顺治年间就不遵祖制而改为"预立储君"的制度了。事实上大有问题，因为第一，康熙在幼年时并不被他父亲疼爱，而且他又因出天花脸上留有疤痕，形象也较差，又有比他年长兄弟多人，回答称意的说法未必可信。第二，顺治一朝八旗贵族权力还很强大，中央根本不能集权，皇权还不能随意支配一切，顺治皇帝似乎还不能也不敢推翻祖制，以随便问问小儿们的答话就决定国家重大的问题。况且在顺治皇帝临终立遗诏时还有一些疑点令人不解，所以康熙皇帝的继承，并不如官书中所记的那么简单。

康熙的父亲福临是在顺治十八年正月初死亡的，传说他出家当和尚的事不可信，他的死因是出天花不治而过世的。他在死前几天，曾命令满汉大臣到他病榻旁边来为他写立遗诏，大臣中有位名叫王熙的，他是汉人，但满洲文学得很好，所以遗诏后来是由他写成的。据王熙自己后来写他的年谱时，记载了当时的情形是：

> （顺治十八年）元旦因不行庆贺礼，黎明入内，恭请圣安，召入养心殿，赐坐、赐茶而退。翌日，入内请安，晚始出。初三日，召入养心殿，上坐御榻，命至榻前讲论移时。是日，奉天语面谕者关系重大，并前此屡有面奏、及奉谕询问密封奏折，俱不敢载。……初六日，三鼓，奉召入养心殿，谕：朕患痘，势将不起，尔可详听朕言，速撰诏书，即就榻前书写。随勉强拭泪吞声，就御榻前书就诏书首段。随奏明恐过劳圣体，容臣奉过面谕，详细拟就进呈。遂出至乾清门下西围屏内撰拟，凡三次进览，三蒙钦定，日入时始完。至夜，圣驾宾天，泣血哀恸。……

从王熙自己的记事中，不难看出当时有一些"关系重大"的事他"不敢俱载"，而他遵命为皇帝写的遗诏又"三次进览，三蒙钦定"，显系遗诏文字内容是颇费周章的，而且有些是秘密而不能公开的。同时后来有人为王熙写传记时，曾说他在顺治临死时"面授凭几之言，终生不以语人，虽子弟莫得而传"，更令人相信当时必有重大而不可告人之事。

顺治的遗诏究竟有些什么内容呢？现在我们从清宫档册里可以看到一共有14条，大多是他自责口吻的文字，例如他在用人行政上因循苟且、汉化过深、子道不终、对宗室弟兄的友爱不够、对满洲大臣的照顾不周以及不够节省经费、任用太监等等。但是他也提到"元良储嗣，不可久虚"的事，在遗诏中他降旨似的说："朕子佟氏所生，八岁歧嶷颖慧，克承宗祧，兹立为皇太子，即遵典制……即皇帝位。"康熙皇帝也因此合法地取得继承的地位。

这是清代官方文献的说法，我们从一位外国人的记事中看到另一个版本，康熙皇帝的继承是别有原因的。那是当时在清朝中央服官的汤若望（Johannes Adam Schall Von Bell）神父亲身见闻的记述。汤若望与顺治皇帝一度成为知交，并彻夜地谈过心，顺治临终前他也被召唤到养心殿中来，为皇帝的健康祈祷过。汤若望目睹当时实情，曾写下以下的文字：

> 如同一切满洲人们一般，顺治对于痘症有一种极大恐惧，因为这在成人差不多也总是要伤命的。在宫中特为奉祀痘神娘娘，是另设有庙坛的。或许因为他对于这种病症的恐惧，而竟使他真正传染上了这种病症。
>
> 在这个消息传出宫外之后，汤若望立即亲赴宫中，流着眼泪，请求容许他觐见万岁。……汤若望又令内臣转奏，皇帝陛下灵魂底永久福乐。……皇帝深深地感叹，……他说：如果他恢复健康时，他一定要信奉汤若望的宗教。……
>
> 顺治病倒三日之后，于公元1661年2月5日到6日之夜间崩驾，享寿未满二十三岁。

至于皇位继任人选的问题，汤若望也有文字记载，他说：

> ……一位继承的皇子尚未诏封，皇太后立促皇帝做这一件事情。皇帝想到了一位从兄弟，但是皇太后和亲王们底见解，都是愿意皇帝由皇子中选择一位继承者。……这样皇帝最后……封一位庶出的、还不到七岁的皇子为帝位之继承者。当时为促成这一决断所提出的理由，是因为这位年龄较幼的太子，在髫龄时已经出过天花，不会再受到这种病症的伤害的。……这位这样被选择的皇帝，后来在康熙年号之下，竟成了中国伟大君主。

汤若望的这些记述文字中，不但说明了顺治临死前在建储问题上一些变化，同时也让我们了解王熙之所以"终生不以语人"的真正原因以及康熙能够继承的关键所在。

康熙帝的生母是佟佳氏，幼年被选入宫成为顺治的妃子，但不久皇帝热爱另一位董鄂妃，佟佳氏被冷落了，直到顺治病逝，她始终没有得到过宠爱。幸而她的儿子成了皇帝，母以子贵，她的地位大升，与嫡后并称为两宫皇太后。可惜她是一位薄命妇人，在康熙二年她就因病辞世了，享年只有二十四岁。

康熙不是皇后所生，生母又不是满族，他的年纪很小，根本谈不上有什么功业成就的背景，加上他脸上还有缺陷，他是不合适继承皇位的，他能继统为君，相信以上汤若望的一些文字是有助于我们解释这一谜团的。

二
康熙皇帝的相貌

在专制时代，不管皇帝的长相如何，史官们都会给他作些夸张的描写，康熙皇帝在官方史书里的记述也不例外。

约在两百八十年前，有一批御用史官，给康熙皇帝的相貌作了如下的写生：

> 天表奇伟，神采焕发，双瞳日悬，隆准岳立，耳大声洪，徇
> 齐天纵。

到清朝亡国以后，另一批对清朝怀有"黍离之悲"的史官，仍赞美康熙帝是"天表英俊，岳立声洪"。这些都是古人对名君典型的塑像，不能完全相信。

倒是有些从外国来华的人士，他们不经意地写下了一些观感，却是亲身的观察。他们当时或先或后的见过康熙皇帝，他们写下的文字我认为是值得一读的。例如康熙六年（公元1667年）夏天，荷兰国派了一个使节团到北京，他们带来很多礼物，其中包括四匹波斯大马与两只孟加拉国小白

牛。使节团中有人记录了当时的情形：

> ……一行人穿过四道门后，进入内宫，先由鳌拜、后经遏必隆的检查，而后，等待康熙接见。康熙皇帝骑着马走了出来，他中等个子，很白皙，约有十六岁，穿着朴实，他穿了件前后肩都绣着些东西的蓝缎褂，脚着黄靴。他十分仔细地打量着礼物中的马，两眼几乎没有离开过它们的身子，不时笑着和鳌拜谈论着马。

文中的鳌拜与遏必隆是当时的两大辅政大臣，那一年康熙皇帝才十三岁，还没有发育成大人，说他中等身材是真实的。可惜荷兰人这简短的叙述，只能给我们一个笼统的印象，不够深入。

康熙二十一年（公元1682年），朝鲜来清朝进贡的使臣在北京看到皇帝，他们一行回国之后，朝鲜国王问起康熙帝的容貌时，使团领队昌成君李伲向国王答道：

> 皇帝容貌，硕大而美，所服黑狐裘。

这一年康熙皇帝已经是二十九岁的壮年人了，所以有"硕大而美"的赞语。不过，荷兰人也好，朝鲜人也好，他们与康熙皇帝会面时，都是在正式的场合，而且有礼仪规范限制，皇帝与他们必有一段距离，因此他们所记的只是一个大概的轮廓。

在康熙三十年代前后，有几位法国来的传教士很得到皇帝的赏识，因为他们之中，有人为皇帝制药治病，有的教皇帝数学、天文，经常在宫廷里走动，有的人每天都与皇帝见面，他们对皇帝相貌当然看得清楚多了，所写的记录应该是更逼真可信了。其中有位名叫白晋（Joachim Bouvet）的传教士，后来回到法国，在他进呈给法王路易十四的报告中，曾对康熙的相貌写了如此的一段文字：

> 他一身丝毫也没有与他占据王位不称之处。他威武雄壮，身材匀称而比普通人略高，五官端正，两眼比他本民族的一般人大而有神。鼻尖稍圆略带鹰钩状。虽然脸上有天花留下的痕迹，但并不影响他英俊的外表。但是，康熙的精神质量远远强过他身体的特性，他生来就带有世界上最好的天性。他的思想敏捷、明智、记忆力强，有惊人的天才。……

白晋是耶稣会传教士，他生于公元1656年，公元1685年来到中国，很快学会了汉文与满洲文。康熙二十七年（公元1688年）到北京晋谒皇帝，由于皇帝欣赏他在数学、医学以及天文等学科方面的才学，便留他在宫廷中服务。他常有机会见到皇帝，因此以上他对康熙的一些描述应该是可信的。白晋说康熙帝得过天花，并在脸上留有痕迹也是确有其事的。根据史料，我们可以看到在清朝人北京城不久之后，京城附近一带痘症大肆流行，逼得皇家纷纷搬出皇城避难。顺治十二年（公元1655年）冬天，"中宫（指顺治皇帝的第二位皇后孝惠后）出疹，上避南海子（南苑）。惜薪司日运炭以往。十二月，命惜薪司环公署五十丈，居人凡光面者，无论男女大小，俱逐出"。惜薪司是太监衙门的一个单位，冬天北京寒冷，每天必须运炭给皇帝住处应用。又为了怕皇帝住处的人民会患上痘症而传染给皇家或运炭的人，所以将公署附近五十丈方围里的所有可能会染上天花的"光面者"全部赶走，以保安全。康熙皇帝当时刚出生不久，还不满两周岁，因为"未经出痘，令保姆护视于紫禁城外"居住，尽管如此，后来他还是被传染上了，以致在他脸上留下了天花的痕迹。康熙在天花病愈之后，大概五六岁时才又回到宫中居住。

满洲人一直把天花看成是可怕的灾难，当他们在关外建立龙兴大业时，他们"怕痘子"的事早就是尽人皆知的了。明朝军队与他们作战失败时，曾在路上放弃患痘症的人以阻止满洲的追兵。朝鲜人也记载过"清主畏忌痘疫，不敢出临"的事。当时他们还不懂得种痘以免疫，顺治皇帝就因患痘症而死的，康熙则因天花成了不严重的麻面人，不过，天花也带给了他幸运，让他得到皇帝的大位。

以上是有关康熙皇帝相貌的一些文字记述，当然清宫中珍藏的多幅康熙画像，也是有助于我们了解这位皇帝容貌的，可以参看。

三

康熙的血统

清朝是清太宗皇太极在关外建立的，康熙皇帝是清朝入关后的第二代君主，按理说他是满族的后裔；不过他的身体内所流的血液并不单纯只是满族的血液，显然是比较复杂的。现在根据可靠史料，略作分析如后。

建立清朝的爱新觉罗家族，其先世历史很久远，不翔详实考究。从努尔哈齐这位被称为清太祖，也是为大清帝国开创基业的人开始，史书里才有比较明确的记录。他身为大汗，所娶妻妾很多，有资料可考的共有十六人，其中日后被称为高皇后的是海西女真叶赫部首领杨吉砮的女儿，名孟古哲哲，她比努尔哈齐小十四岁。万历二十年（公元1592年）为努尔哈齐生下第八子皇太极，也就是后来继承为大汗的清太宗。孟古哲哲死于万历三十一年，努尔哈齐非常哀痛，曾以婢女四人殉葬。海西女真在明朝史书中被认为与努尔哈齐所属的建州女真一样，同是女真人。但是清朝官书里则说叶赫部的祖先是蒙古人，所以孟古哲哲的血统可能是满蒙兼有的。

皇太极继努尔哈齐为大汗，在名称为后金的政权下发展，征服了朝鲜，平定了蒙古，几次打败辽东明朝驻军，甚至深入长城打到河北、山东等省，他终于建立了清朝。可惜他在李自成攻陷北京、北明亡国的前一年逝世，入关的事业只有留待他的子孙完成了。皇太极也是妻妾众多的，史籍记载的至少有十五人，而其中有五人地位较高，被封为五宫的后妃，她们是孝端文皇后、孝庄文皇后、敏惠恭和元妃、懿靖大贵妃以及康惠淑妃。这五位后妃全都是蒙古人，孝端文皇后博尔济特氏是科尔沁蒙古贝勒莽古思的女儿，是皇太极元配，但未生子。她的侄女二人后来也陆续嫁给了清太宗皇太极，一个是庄妃，一个是宸妃。庄妃聪明能干，宸妃贤淑文静，都是皇太极的爱妾。庄妃为皇太极生下一子，即日后继统为君的顺治皇帝福临，这也是庄妃母以子贵而地位上升，最后被封为孝庄皇后的原因。宸妃也为皇太极生下一男，但两岁夭殇，而且宸妃自己也在不久后病逝，所以她虽得皇太极宠爱，但寿短命薄，在清朝历史上不占重要篇幅。懿靖贵妃与康惠淑妃可能是察哈尔蒙古林丹汗的妻室，皇太极打败察哈尔、林丹汗走死青海以后，她们两位归降了满洲，也嫁给了皇太极。在这五位蒙古女士中，孝庄后是最值得注意的一位。她是传说中送人参汤给洪承畴而唤起洪氏对家庭妻儿眷恋终致投降清朝的人；她也是入关后清宫绯闻中"太后下嫁"的女主角。不过她在清初宫庭亲贵中极有威望，一生经历太宗皇太极、世祖顺治与圣祖康熙三朝，精心扶立过顺治与康熙两位幼主，是具有相当历史地位的人物。孝庄后本名布木布泰，近代电视剧中称她为"大玉儿"是杜撰而不正确的。她是标准的蒙古人，所以顺治皇帝的血液中绝对混和着满蒙两族人的血液。

顺治皇帝福临先后册立过两个皇后和一个贵妃。他即位后不久，摄政王多尔衮为了控制他，为他选立了科尔沁蒙古卓礼克图亲王吴克善的女儿为皇后，不过后来皇帝亲政了，认为吴克善的女儿不是他自己亲自选的，而且说她"事上御下，淑善难期，不足仰承宗庙之重"，将她废降为静妃。这件事发生在顺治十年，还引起朝廷大臣上疏争论。第二年皇帝宣布册立另一位科尔沁绰尔济镇国公的女儿为皇后，可是不久皇帝又爱上了董鄂氏，而封董鄂氏为贵妃。董贵妃得到皇帝的宠爱超过皇后和其他的妃嫔，直到顺治十七年董妃病逝，皇帝哀伤逾恒，几个月后皇帝也因病辞世了。由于顺治帝对董妃一往情深，当时就有传说皇帝看破红尘出家逃禅，反映了顺治的感情真挚与脆弱，事实上，顺治是得天花病死的，有可靠资料可证明此事。

最有趣的是顺治帝两后一贵妃的儿子都没有能继位为君，而是由一位得过天花有免疫能力的八岁幼儿继承了大统，这位继承人就是康熙皇帝。

康熙皇帝的生母是佟佳氏，从旗籍上看，她家属汉军镶黄旗。事实上佟佳氏本来姓佟，祖先是辽东地区的汉族著姓。佟佳氏自幼入宫，是顺治的一个妃子，十五岁时就生下了康熙，可是在康熙帝两岁时，父亲顺治就与董鄂妃相爱，其后封董鄂氏为贵妃，康熙的生母一直被冷落着，直到后来康熙继统当了皇帝以后，佟佳氏才被提高地位升为皇后，但在被尊为"慈和皇太后"后仅仅四个月她就撒手人寰，因病逝世了。她算是一位福薄短命的妇人，死时才二十四岁。

不过佟氏家族却有不少福禄双全的人。慈和皇太后佟佳氏的祖父叫佟养真，他在天命四年（公元1619年）投降了清太祖努尔哈齐，两年后被明朝边将毛文龙所杀害。佟养真有二子，长子佟丰年，次子佟盛年。佟丰年后来也被毛文龙所杀，佟盛年则在改名佟图赖之后活跃于后金天命与天聪两朝之间，尤其在对明战争中表现得相当杰出，很得皇太极的信任。清朝入关之后，佟图赖仍继续率领他的炮兵步队为清朝南征北讨，在河北、山东、山西等战役中都建立过功勋。后来更被清廷重用，授为定南将军，出征湖南、广西等地。顺治八年凯旋回京，授礼部侍郎，晋三等子爵，顺治十三年又赠太子太保衔，真可谓位极人臣了。佟图赖生有二子一女，长子佟国纲，次子佟国维，都是康熙朝的名人。女儿佟佳氏则嫁给顺治帝为妃，顺治十一年生下康熙帝，使得佟家更为高贵了。佟家在清太宗成立汉军八旗时，最初被编入汉军正蓝旗，据清宫珍藏的《镶黄旗汉军谱档》中记：崇德七年（公元1642年）分汉军为八旗时，将佟养性、佟养真带来的族人一千零二十八人，又四百四十八名，编成七个佐领。由养性之子佟图占与养真之子佟图赖共掌佐领，隶汉军正蓝旗。康熙八年（公元1669年）

因佟图赖为皇后生父，乃将其所管佐领抬入满洲镶黄旗；不过谱档中仍记为隶属汉军镶黄旗。另据史书记因佟国纲奏请，在康熙二十七年四月，皇帝为感念生母恩情特准佟家本支改入满洲，隶属天子自将的镶黄旗，这次抬旗，当然是皇帝为母家地位与权势而作出的具体措施。

据上可知：辽东地区大家族佟氏是较早投降满洲的汉人，他们以军功起家，一门群众一直受到满洲贵族的宠信，他们兴起于太祖努尔哈齐时代，著名于太宗皇太极之世，鼎盛于康熙以至于日后诸朝。清初政坛上有人称"佟半朝"，可见其家族地位之高、势力之大。事实上，从清初的一些人物传记里就可以看到，在明朝末年，佟氏族人投降满洲的很多，其中见于文献的就有佟养性、佟养真、佟养甲、佟养量、佟养臣、佟岱、佟山、佟三、佟延年、佟国祯等，在当时他们都编入了汉军正蓝旗。入关以后，除佟图赖担任过礼部侍郎外，顺治年间还有佟养甲、佟国鼎、佟岱、佟养量、佟延年、佟凤彩、佟国器，分别在两广、福建、浙江、山西、甘肃、四川等地任职过总督、巡抚或总兵官。康熙之世，佟国器、佟养臣、法海等人又在福建、广东一带任封疆大吏。佟国纲、佟国维、隆科多更因国舅身份出掌过领侍卫内大臣、参赞大臣、步军统领等内廷要职。佟氏家族真是一门数将军，督抚满天下，确是权势显赫的家族。

康熙的母亲出自汉人家庭，父亲又具有满蒙两族的血统，所以若从遗传学上来说，康熙血液里流着多种族群的血，而清初所谓的"满汉不通婚"政策也是政治表面的条文，在医学与生理学上都是不成立的。

四

简朴的康熙皇帝

在清宫里服务了好几年，并且与康熙皇帝有过亲密交往的法国传教士白晋，他回国之后，曾经写了一份报告书给法国国王路易十四，这报告后来又被称为《康熙帝传》，其中有不少文字是描述康熙简朴生活方面的，现在扼要地摘录几段如下：

中国皇帝，或者因为他拥有的无穷财富，或者因为他疆土的广阔富饶，说他是世界上一位最有势力的君主也许是没有人会反对的。尽管这样，康熙真正用于他自己身上的一切远远谈不到奢侈。……（康熙的）那种恬淡素朴简直是没有先例的。他的餐桌是切合一位伟大君主身份的，桌上是按照当地的观念和方式，摆满了金银餐具，但是除了循例供奉的东西外，他毫无奢求。他满足于最普通的菜肴，从未有过丝毫的过度，他的淡泊超过了人们所能想象的程度。康熙皇帝曾经派人在北京郊外二法里外造了一座他喜爱的范围（指畅春园），每年要在那里度过相当一段时间。里面除了他命人开凿的两个大水池和几条河道外，再也没

14

有什么使人感到与一个既富有又强盛君主所应有的豪华气派相称的东西了。那里的一切非常洁净。它的建筑、它的庭园、它的布置，比起巴黎郊区一些王侯爵爷的别墅来，要逊色得多。

他喜欢简朴，甚至在他的衣着和他的一切生活用品上都能看得到。他的衣着除了几件宫廷里极为常见的过冬的黑貂、银鼠皮袄外，还有一些在中国算是最普通、最常见，只有小百姓才穿不起的丝绸服装。逢到雨天，人们有时看到他穿一件毡制外套，这在中国被视为一种粗制的衣服。夏天，我们看见他穿一件普通的麻布短褂，这也是一般人家常穿的衣服。……

他在宫内、宫外不骑马时用的那顶轿子，只是一件类似担架的东西而已。木质平常，涂漆，有几处包有铜片或者点缀一些镀金的木雕。如果他骑马外出，几乎是同样的简单。马具中较豪华的只不过是一副相当朴素的镀金铁质马镫，以及一副由金丝绒编制的马缰绳而已。

以上的文字就是一位西洋耶稣会教士的亲身见闻。白晋是一位虔诚天主教徒，相信他不会做骗人的不实报道的。康熙平日在衣食住行方面的俭朴，在当时的中国也有一些文字记事可以参考。例如在吃的方面，他自己曾经说过："朕每日进膳二次，此外不食别物，烟酒及槟榔等物皆属无用。"他喜欢吃黄瓜、萝卜、茄子一类的蔬菜，尤其到晚年，他认为"老年人宜淡食，每兼蔬食之，则少疾，于身有益"。他对于某些水果是喜爱的，但他相信"必待其成熟之时始食之，此亦养生之要也"。康熙不吃人参，不重药膳。他始终觉得："南人最好服药服参，北人于参不合。朕从前不轻用药，恐与病不投，无益有损。"他在食的享受方面，比起他的孙子乾隆皇帝来，实在望尘莫及、不可同日而语。

在康熙四十年代之前，当时热河避暑山庄未修建之前，皇帝喜欢常住畅春园。这个庭园原先是明朝皇家亲戚李伟的清华园，清朝人关后接收

简朴的康熙皇帝

了该园，成为清代皇家第一个园林。康熙自己说过："茅屋涂茨，略无修饰。"有位曾被召见过的大臣，名叫程庭，他后来写了《奇骖随笔》这本书，其中谈到了他当时见到的畅春园的情况："垣高不及丈，苑内绿色低迷，红英烂熳。土阜平坨，不尚奇峰怪石也；轩楹雅素，不事藻绘雕工也。"这与白晋所说的情形大同小异，都是可以证明康熙的住处是朴实无华的。就是后来他兴建避暑山庄，其主要目的是在笼络蒙古外藩，在他有生之年，也不是什么豪华的宫殿，康熙死后，他的儿子雍正不愿住在那里，在把康熙当年的一些陈设运回北京时，雍正曾对大臣们说："服御之物，一惟朴质，绝少珍奇。昨检点旧器，及取回避暑山庄陈设，思慕盛德，实无终已。"热河避暑山庄增饰工作，是乾隆皇帝做的。

一个简朴的人，对一般生活的事物往往不会刻意要求的。白晋说他有一次出巡外地，蔬菜补给不济，皇帝就与随从人员一样只吃牛羊肉，因为"他不想比别人更讲究"。另外在康熙四十三年八月初二这一天，皇帝去钓鱼处，膳房里的人"所备止有肉肴，竟忘携带饭食，诸皇子及近御侍从，俱欲笞之"，皇帝阻止他们笞打膳房的人，并对他们说："此乃小事，可宽宥之。"这也可以看出康熙在吃的方面是可以容忍很多事的。

康熙晚年，牙齿不好，很多硬的食物不能入口，他说："朕今年高，齿落殆半，诸凡食物，虽不能嚼，然朕所欲食者，则必烹烂或作醢酱，以为下饭。"还有在他年近花甲之时，他脸上的胡须变白了，有人劝他用"乌须药"，他不以为然地说："从古以来有几个白须皇帝？我若能须发皓然，岂不为万世之美谈乎？"康熙皇帝确是一位乐天知命的随和人，事实上，他对生死也看得很淡，不像很多皇帝要求长生不老的仙丹灵药，他却认为："人之有生必有死。如朱子之言，天地环境之理，如昼如夜。孔子云居易以俟。皆圣贤之大道，何足惧乎？"这些开朗乐观的胸怀，相信多少都与他简朴生活观念有关的。

谦虚的康熙皇帝

专制时代的中国，君主的地位是高不可攀的。臣僚们为了求得皇帝的欢心，为了得到圣恩与眷宠，都会极尽所能地向君上谄谀逢迎。皇帝也像常人一样，都是喜欢听别人说好听话的。因此大臣的奉承、君上的自夸在史书中屡见不鲜，也不足为奇。

然而，康熙皇帝却有些例外，他在位六十一年之中，我们发现他一直表现着谦逊不骄，他不喜欢别人对他过分阿谀与赞美，他真是一位不寻常的皇帝。

这位一生爱读书的皇帝，多年来一直有些饱学之士为他讲学。当翰林院官员向他进呈讲章时，难免会用些称颂君主的文字，康熙看了不以为然，常常命令他们改写，而且不是做作的，是出于他的诚心。现在且举两则作为说明：

康熙十四年二月十七日，皇帝就命令经筵讲官重写过讲章，事情是这样的：

春季经筵《四书》、《书经》讲章二节，同经筵各官拟定，学士傅达礼呈览。上谕：讲章内书写称颂之言，虽系定例，凡事俱宜以实。这《中庸诚者天之道也》一节讲章内有"秉至诚而御物，体元善以宜民，固已媲美三王，跻隆五帝"等语，似属太过，着另改来看。

康熙二十一年八月，类似的事又发生了。"翰林院掌院学士牛钮等启奏，经筵讲章庶矣哉二段内，颂圣处有道备君师，功兼覆载二语。上曰：经筵大典讲章，须有劝戒箴规之意，乃为有益。此二语太过，着改撰。"像这样的记事，在康熙早年经筵讲学的故事里经常可以看到，显然他是不喜欢讲官们过分颂扬的。

康熙不但对经筵讲章文字讲求要切合实际，连他一生最喜爱的而且也是真有些成就的中国书法与诗文，他也不要大臣对他过分地颂扬赞誉。尽管不少大臣恭维皇帝说他的书法"结构谨严，笔法超拔，神化之妙，难以名言"。有人说他的字可比董其昌，更有人说他"笔意与赵子昂相仿佛，而神彩浑厚实远过之"。但是他总是对大臣们说："朕万机余暇，留心经史，时取古人墨迹临摹，虽好慕不衰，未窥其堂奥。"同时他也不同意大臣们谄谀他所说的皇上有天赋的才能，所以书法才如此的美好。他说他是经由苦练才有些成就的。即使他赐给大臣御书墨宝时，他也会说："卿等佐理勤劳，朝夕问对，因思古之君臣，美恶皆可相劝，故以平日所书者赐卿，方将勉所未逮，非谓书法已工也，卿等其知朕意。"

康熙皇帝在这些方面真是非常自谦的，同样的他在大臣们要集印他的诗文时，也有类似的表示。他说他"虽间有著作，较之往代，自觉未能媲美"。后来大臣们说他的文章"镕铸六经，包蕴万象，为历代帝王所未及，允宜刊刻颁布"，他才同意"援据典例恳请，勉从所议刊行"。

康熙皇帝是中国历史上少见的勤学君主，他的学问很广博，尤其精通中国的理学，西洋知识也很丰富，因而大臣们都认为皇帝天赋异禀，与一般平常人不同，所以才能学贯中西。康熙对这样的说法也不认同，有一次他对领侍卫大臣说："朕尝讲论天文、地理及算法、声律之学，尔等闻之，辄奏曰：皇上由天授，非人力可及，如此称誉朕躬，转掩却朕之虚心勤学处矣。尔等试思，虽古圣人，岂有生来即无所不能者，凡事俱由学习而成。……"康熙就是这样一个不爱被人吹捧的人。

康熙皇帝不喜欢别人阿谀逢迎，也可以在另外的一些事件上看得出来。例如有一回他到关外打猎，在鄂尔楚克哈达地方哨鹿，猎获颇丰，一天竟猎得十一只大鹿，船厂的佐领那柳就拍马地说："臣生长本地，一日获十一鹿者，臣实从未经见，真神奇也。"康熙对他的话只冷淡地答道："朕从来哨鹿行围，多所杀获，何神奇之有？"皇帝显然是不喜人家谄谀的。

康熙四十一年九月二十四日，两江总督阿山上奏说地方粮食丰收都是皇帝有福气与英明领导的关系，真是"天心灵感，屡显丰饶景象"。康熙不接受他的奉承，反而给他一个如下批答："若云此皆皇帝洪福齐天，恩播遐迩所致，则江北属数地及山东数处，皆被水灾，民游食者亦多，抑非福不与天齐，恩未能传布所致耶？"在中国历史上，大臣为对皇帝歌功颂德，常常用勒石记功、请上尊号等事来满足皇帝的虚荣心，达到向皇帝谄媚的目的，康熙一朝当然也不例外。不少大臣上奏说："应将皇上天威、奇才、无穷之恩，恭立碑记，以传颂后世万万年。"皇帝对这些请求常常批示："凡立碑者，惟为一时之名，并不能与永载实史可比，此事理应停止。"或者简单地批说"所奏不合"、"不允"等。

最难得的是康熙拒绝大臣为他上尊号了。在康熙二十年，因为平定三藩大乱，御史何嘉佑等人奏请加上尊号，以彰显功德；皇帝不同意，认为"此奏无益"。两年之后，台湾被收入了版图，大臣们以海疆从此安宁，请上尊号，他回答大臣说："不愿烦扰多事，不必上尊号。"后来大臣又上奏请求，强调这是古昔帝王所没有的功德，康熙仍是坚持"不必行"。同年喀尔喀蒙古等首领多人也联合上书：请加尊号。康熙对他们的拥戴之心，十分嘉慰；但是他没有准行，只希望蒙古各部"亲睦雍和，永享安乐，更胜于上朕尊号"。康熙三十六年，在皇帝领兵三次亲征噶尔丹胜利之后，大臣们以为这是"圣德神功，超越千古"的事，应上尊号。可是皇帝认为噶尔丹的消灭，全是"上天的笃佑，祖宗之福佑，众将士之勤劳"，他自己无功劳可言，而且他也不以尊号为贵，所以"不必加"。后来又王公、贝勒、官员士民一齐到畅春园再度请上尊号，皇帝仍不允许，并下命以后"毋复再奏"。康熙四十一年，皇帝五十大寿，王公官民又一齐请求上尊号，得到回答仍是"终不允"，因为皇帝还是说："若夸耀功德，取一时之虚名，大非朕意。"康熙晚年，在他过花甲大寿之时，大臣们都说皇帝为国家服务了五十多年，"论功，则超越三王；语德，则包涵二帝"，中国有史以来难得的理想君主，应该"上尊号"。康熙的答复仍是一样："若侈陈功德，加上尊号，以取虚名，无益治道，朕所不喜。"上尊号的请求，"断不允行"。

　　康熙皇帝实在是一位才华出众、文治武功都有大成就的君主，在中国历代的帝王中确实是罕见的；而他一再地、多方面地坚拒别人的赞誉和恭维，更是难能可贵。尤其他的这种谦虚态度，哪怕他是装出来的，也是一般人不易做到的了。

康熙皇帝是清朝入关后的第二代君主，也是中国历史上不多见的英武明君。他在位期间，曾经先后灭权臣、平三藩、收台湾、败帝俄，还有定蒙古、抚西藏，武功真是盛极一时，无人可比。不但如此，他在征伐之余，又能重视学术的提倡、中华文化的弘扬、编纂图书、奖励学者，文治上的成就也很高。他确是应该占有历史伟人地位的，难怪当时在清朝宫廷里的西洋传教士们，也有赞誉他是"人世间无与伦比的帝王"。

由于康熙皇帝享国六十一年，时间很长，而他又关心民生国事，常常到各地巡视查看。他曾先后六次南巡，到山东江浙等地实地探访，了解各种地方情形。他又多次东巡沈阳，远游塞北，加上早年多住北京附近的畅春园以及后来经常勾留在热河的避暑山庄，所以给人的印象是他很少住在京城，不断在民间走动，一些野史与现代历史小说家们便臆测他微服私访民间的事了。

有的野史里说他曾偷偷地参加过京城中举行的会试；有的小说里说他走访农村初尝乡野平民菜肴的美味；有的电视剧里更异想天开地说康熙皇帝为了办案，愿意戴枷坐牢并与黑道人士拼杀；另有传说他由紫砂壶而破奇案的超人智慧，以及他与青楼女子合力打击犯罪的神勇行为。类似的记述很多，可谓不一而足。然而这些情节精彩、趣味横生的故事，都是后人杜撰的、乱编的，不是真实的史事。

就以小说写记康熙乔装赴考只得第五名一事为例，作者说事情发生在康熙三十三年，"那一年，他（指皇帝）心血来潮，乘全国各方举子到京城考状元的机会，化名改姓，扮成应考的举子，想显露一下自己的才华……"，且不说清代的考试制度很周密，礼部举办的全国性的会试更是不敢马虎，所有参加的考生都必须具有举人的资格才能参加，康熙皇帝从来没有经过这些考试，如何取得举人身份？而且在会试大典之前，又有磨勘与复试的手续，化名改姓的人是绝对不能通过的。负责主考的官员们一定在朝廷上见过康熙，哪能在这些查核的场合识不出皇帝。除了这些以外，在那一年会试的期间，正好我们找到皇帝那几天的日记资料，很能证明他不可能被关在会试考场里的，以下是那几日的官方史料记事的大要：

二月八日：皇帝在乾清门听政，其后又与大学士伊桑阿、阿兰泰、王熙等人讨论折本，处理国事。当天并任命了云南提督等武职人选。

二月九日：皇帝先在保和殿视察社稷坛祝版，后来到乾清门听政，稍后又与大学乾等讨论折本，处理公务。皇帝对吏部提出革湖广宜城知县傅梦熊职务事，认为不妥，"着再议具奏"。对于振武将军孙思克请求补授的两位武官韩澄、张荣祖新职位，兵部"俱不准行"的决定皇帝不同意，结果照孙思克所题的准予补授。

二月初十日：给事中萨穆哈、樊咸修在经筵之日"错立班次，殊属不合"，吏部决定处分他们罚俸六个月。皇帝没有采纳，从宽免罚；不过萨穆哈因年龄老迈，准他解任。当天皇帝又与兵部大臣讨论了云南、贵州等地武官的一些问题。后来又到皇太后宫中去请安。

二月十一日：章皇后忌辰，皇帝为尽哀思没有办公。

二月十二日：出巡视察京城近郊，出午门、正阳门，驻跸南苑红门内旧宫。

二月十三日：驻跸凤河营，当地驻防武官防御萨哈连、守备乐仪凤等来朝。

二月十四日：驻跸河西务、武关营游击聂达等来朝。

二月十五日：驻跸杨村、营守备何铤等来朝。又通判赵良臣等来朝。

根据以上记载，可知皇帝当时每日有事忙碌，朝廷办公有大臣多人在一起共同议事，出巡也有文武官员随行，他是无法偷偷地扮成举子去应考的。以上皇帝的起居日记数据每天由专人写记，并于篇末注明当日记注官的人名，是极为可靠的第一手史料，所以康熙参加会试之说是杜撰不可信的。同样地，康熙皇帝每次东巡、南巡也逐日都有他活动的记录，参加各项祭典、考察地方建设、教训文武官员、召见地方士绅，忙得不可开交，根本不可能微服出外私访。尤其康熙皇帝一直不赞成为人君的微服出游，他在晚年，还对都察院的左都御史徐元梦说过："微行之事，断乎不可。不但为人君者，即总督、巡抚亦不可。如朕在外微行，何人不识？此特古来开创帝王恐人作弊，昌言于外耳。书生信以为真，载于史册矣。"康熙一生崇尚中国理学，一心想做传统儒家的圣贤君主，他的一言一行都是以道学夫子为准则的，如果不是真的特别需要，他不可能冒大不韪被后世人评成明武宗正德皇帝那样的君主的。

七

康熙皇帝的汉人妃嫔

《清朝野史大观》一书中，选录了一些清代作家的词作，其中有《清宫词》一首，内容是："华风纤巧束双缠，妙舞争夸贴地莲。何似珠宫垂厉禁，防微早在入关年。"这首词后又有注文说："顺治初年，孝庄后谕：有缠足女子入宫者斩。此旨旧悬于神武门内。"孝庄后是指传说中下嫁给多尔衮的皇太后，她是清太宗皇太极的太太，顺治皇帝的母亲。缠足女子当然是指汉族女子，因为满蒙两族的妇女在当时都是天足，即大脚、不裹小脚的。清朝皇家一向极重家法，因此长久以来，在一般人的心目中，都以为清朝皇帝是不娶汉族女子为妻妾的。

法国传教士白晋（Joachim Bouvet）在他给法王路易十四的报告书中（此书亦称《康熙帝传》），有一处特别提到："皇帝到南京巡视江南，人们根据旧习惯，以朝贡的方式给他进献了七个美女，他连看都不看一眼，拒不接受。"白晋在康熙皇帝面前奔走过多年，教过皇帝西洋科学，也为皇帝制造过西药。他的《康熙帝传》内容可信度很高，因而人们也相信康熙南巡时没有带江南女子回宫。

然而事实并非如此，野史里的诗词是得自传闻而作的。白晋也是听别

24

人谈到的一些见闻。康熙若要看中江南女子，带回宫中，又怎么让一般人都知道，况且康熙曾六次南巡，后几次白晋早已返回法国去了，因此他的报告也是不周遍的结论。

事实上，康熙皇帝不但娶了汉族女子做妃嫔，而且不止一位。首先我们来看高士奇的一些记述。高士奇杭州人，曾在南书房里为康熙皇帝服务过一些时期，很得皇帝宠信。康熙二十八年被人弹劾结党营私，受贿卖官，皇帝无法保护，只得让他退休回家；三十三年又被召入京，还在南书房里任职，后因年老休致。康熙四十二年皇帝南巡江浙，他在杭州迎驾，后来随皇帝一同返回北京，备受礼待，并请他到畅春园里做客，与皇帝对面谈心。他后来在他《蓬山密记》中记述了当时皇帝向他公开了两幅贵嫔的画像，指着其中一幅对高士奇说："此汉人也。""写得逼真。尔年老，久在供奉，看亦无妨。"可见康熙的后宫中确有汉族女子做贵嫔的。

另外在康熙四十八年（公元1709年）七月间，皇帝的亲信任职苏州织造的李煦，突然派人呈进了一份密折，折中说："王嫔娘娘之母黄氏，七月初二日忽患痢疾，医治不痊，于七月十四日午时病故，年七十岁，理合奏闻。"皇帝在李煦的奏折上批了："知道了，家书留下了，随便再叫知道吧。"意思是：王家的家书暂时留下了，等以后再让她（王嫔）知道吧。王娘娘的母亲家姓黄，当然是汉人。李煦在苏州做官，王家必在他的任所辖境之内，应该是没有疑问的。

另外从康熙朝宫中所藏后妃生育数据，我们可以查出这位王娘娘曾为康熙皇帝生过三个儿子，分别是胤礼、胤禄与胤祄。年长的胤礼生于康熙三十二年，王娘娘当时年约二十岁。康熙帝曾在二十三年与二十八年两度南巡，都到过苏州，从胤礼出生情形看，王娘娘可能是第二次南巡时带回宫中的。王娘娘直到康熙五十七年才被册封为密嫔，康熙死后，由雍正尊封她为密妃。乾隆九年她才逝世，年龄七十多岁，当时已被尊为顺懿密太妃了。

除了王娘娘之外，在《爱新觉罗宗谱》、《清史稿·后妃传》、《清

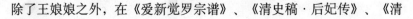

皇室四谱》等专书中，我们可以看到在康熙的后宫中还有其他的汉人嫔妃，其中曾为康熙帝生过子女的就有：

高氏：她在康熙四十一年九月生皇子胤䄉，第二年又生皇十女，四十五年再生皇子胤祎。四年间连生三个子女，显示她在当时是得到皇帝宠爱的。

陈氏：她在康熙五十年生皇子胤禧，因此她也自贵人尊封为熙嫔。

石氏：康熙五十二年生皇子胤祁，自贵人尊封静嫔。

陈氏：康熙五十五年生皇子胤祕，是康熙诸子中排行最后的一位。陈氏死后被追尊为穆嫔。

在帝制时代的旧社会里，母以子贵，以上这些汉族女子是因为她们为康熙生皇子，才被册封为嫔、妃的。事实上，康熙朝后期宫中还有袁氏、陈氏、张氏、王氏、刘氏几位汉族女子，只是她们仅生女儿，所以没有被册封，当然就不能在皇家谱书上占有重要地位了。如果我们再深入地探究一下，还可以发现康熙五十年代以后，为皇帝生育子女的几乎都是汉族女子，可见她们当时是受宠的一群。

康熙皇帝的后妃总数，目前可考的至少有五十五人，其中有十人不能确定她们是属于满族、汉族或是其他哪一族，其余的四十人中，有十位确属汉人，其比例也不能不算高了。

综上可知：孝庄后降旨"禁汉女入宫"以及白晋所说的都不足征信。事实上，在康熙父亲的顺治时代，宫里早就有汉人女子了。《清史稿》里也不讳言地记着："世祖尝选汉官女，备六宫。"而河北滦州石家的一位女子就是其中之一。

皇家既然将汉人女子纳入后宫，"满汉不通婚"的政策也就不能彻底执行了。早年规定满洲人娶汉女为妻的不能上档、领取红赏，也不能领取钱粮。后来旗人便用"顶名"的办法来娶汉女，就是用汉军旗中已出嫁的女子名字来顶替，因此包括满洲贵族在内，都逐渐与汉族通婚了。而且娶妻才要"顶名"，纳妾根本不在此限。我们在清末满洲人家所编的家谱中就可以看到不少满汉通婚的事实存在着。

康熙皇帝与西洋葡萄酒

葡萄做酒不是中原的产物，早年西域地区有此名产，唐朝打败高昌国之后，才得到这种造酒方法，带回内地。唐朝诗人有"葡萄美酒夜光杯"句，可见当时已流行饮用。至于西洋葡萄酒传入中国的确实时间，似乎不易考查，一般说法都以为明末传教士东来与此类果酒的来华关系很大，因为清朝初年，汤若望确曾以西洋葡萄酒招待过中国友人。由于酒的珍贵，他劝过大家"不可遽饮"，酒友们"才一沾舌"，便有"融畅不可言喻"的感觉，宾主显然都在酒会中尽欢过。另外一种说法，认为西洋葡萄酒是由洋人进贡而来，如顺治年间，有荷兰人来送洋酒给清朝皇帝，而汤若望也确实用皇帝赐给他的洋酒招待过中国友人。无论如何，西洋葡萄酒在当时已经来华，并为不少中国士人们喜爱了。有些酒家们甚至还写过诗赞美它说："红毛之酒红于血，色香异味三奇绝"，可见口碑还不错。

康熙二十五年（公元1686年），荷兰人的贡品中有"葡萄酒两桶"；不过当时皇帝还是一位不嗜酒的人，他甚至可以控制自己"能饮而不饮"，在《御制圣祖仁皇帝庭训格言》一书中，他提到受祖训的影响，自幼不"喜饮酒",因为"嗜酒而心志为其所乱而昏昧,或致疾病,实非有益于人之物"。他又说:"平日膳后或过年节筵宴之日,止小杯一杯。"由此可见康熙皇帝一直视酒为无益于人之物,即使在年节庆筵时,他也只喝一小杯而已。可是到了康熙四十八年(公元1709年),他突然下令要内务府的赵昌向有关地方官传旨说:"以后凡本处西洋人所进皇上用物件,并启奏的书字,即速着妥当家人,雇包程骡子,星夜送来,不可误了时刻。"内务府是为皇家服务的机关,就像明朝的太监衙门一样,赵昌遵旨通令有关各省官员尽速送呈"西洋人所进皇上用对象",未公开说明是葡萄酒,可是外省大臣却不约而同地都为皇上呈进了葡萄酒,相信大臣们必定有所听闻的了。由于当时西洋人在广东、福建、江西、江苏等地传教的为多,这几省的封疆大吏便分头四处搜寻,不到两个月,就有了丰硕的成果了。首先是江南总督邵穆布他在四十八年的二月二十四日就派人专程到北京去送酒了,他向皇帝报告说"在江宁天主堂西洋人林安恭备葡萄酒十一瓶、鼻烟一瓶",进呈皇上。接着广东总督赵弘灿也向皇帝奏称:计有西洋教士穆德我呈上的葡萄酒一瓶、毕登庸的一箱、景明亮的一箱以及稍后来自郭天宠的一箱九瓶,数量堪称可观。福建方面则由督、抚的报告中可以看出,仅有利国安所呈的两箱。不过江西巡抚郎廷极对此事表现得十分热心,前后上了奏折多起,他所收集的葡萄酒计有殷弘绪得六十六瓶、马若瑟的五瓶、傅圣泽的八瓶、沙守信的六瓶、冯秉正的六瓶、毕安的两瓶、穆泰来的两瓶。另外还有"格尔默斯"、"珠谷腊"等八锡瓶,应该是指一些药酒类与巧克力糖等的物品了。皇帝对郎廷极的工作卖力很欣赏,不过在他的报告上却批写:"以后你有西洋人所进之物,折子上写明不奏闻。"大概是要他不必过分张扬的意思。

康熙四十九年各地进呈的西洋酒为数不多,只有两广总督赵弘灿在一次报告中提到"西洋人李国震交到十五瓶"的事。皇帝向他批说:"近夏月,西洋船到时,问明速报。"显见皇帝还有需要的样子。第二年在不完全的史料中，我们只能见到广东一省进呈的西洋葡萄酒为多，巡抚满丕的奏报中透现过这方面的讯息。同年六月十日，满丕进呈地方土产时，皇帝在批语中对他说："尔去时曾谕凡物不要进，又为何进？以后若得西洋葡萄酒、颜料则进来，他物都不必进。"满丕后来在五十一年的二月中又派了专人进京，向皇帝恭呈物品，奏折里称："奴才得葡萄酒、绘画颜料几种，派家人金才谨贡。"皇帝收到奏报后，在满丕的奏折上批着："目今已值西洋船抵广东之际，倘到，速问。一并将伊等信函缮折具奏。"皇帝当时很盼望西洋船能带酒来，他对葡萄酒的需要是明显的。

康熙皇帝从不酗酒，甚至说过酒是对人无益之物，是可以乱人心志的。这样一位道学家的帝王，何以突然变得热爱葡萄酒，而且大张旗鼓地到处搜求洋酒呢？原来他在康熙四十七年废了皇太子，第二年又复立储君，但仍不满意。加上另一皇子胤祄早逝，都令他很伤心，他自己也大病了一场。后来听西洋传教士说葡萄酒是大补之物，因而下令叫地方官进呈了。这件事在《奉教正褒》一书中略有记述：

> 康熙四十八年正月二十五日上谕：西洋人……在廷效力，俱勉力公事，未尝有错。……前者朕体违和，伊等跪奏：西洋上品葡萄酒，乃大补之物，高年饮此，如婴儿服人乳之力。谆谆泣谏，求朕进此，必然有益。朕鉴其诚，即准所奏，每日进葡萄酒几次，甚觉有益，饮膳亦加。今每日竟进数次，朕体已经大安，念伊等爱君之心，不可不晓谕朕意，今传众西洋人，都在养心殿，叫他们知道。

由此可知：康熙皇帝是为治病而饮西洋葡萄酒的，而饮后效果显然不错，后来竟每天喝几次葡萄酒了，改变了他以前不嗜酒的生活习惯。

不过，康熙皇帝关心西洋来船，固然是盼望带来葡萄酒，但是他也盼望西洋人带来的"信函"。因为当时为了敬天祭孔和祀祖的事与罗马教廷发生了冲突，几乎到了禁教的地步，康熙希望教宗能有让步的信函来，大家可以得到和解。康熙虽然对西洋科学很倾心，对西洋物品很爱好；但他毕竟是中国的统治者，他是不能背离中国儒家传统的。

《清稗类钞》一书中曾记道：

　　康熙癸亥，圣祖以海宇荡平，宜与臣民共为宴乐，特发帑金
一千两，在后载门架高台，命梨园子弟演目连传奇，用活虎、活
象、活马。

　　癸亥年是康熙二十二年，这一年平定了郑氏台湾，所以称海宇荡平。
皇帝为了与民同贺，命梨园子弟演出目连救母故事，显然皇帝对戏剧是有
兴趣的。

　　同书又记："康熙初，圣祖颁诏，禁止装孔及诸贤。"可见在康熙初
年皇帝就关心戏剧的内容了。为了崇儒尊孔，为了不亵渎圣贤，他下令禁
演有关孔子及圣贤的戏目。

　　康熙朝对于戏剧的禁忌还不仅于此，《清稗类钞》里也记述了另一个
事例：

钱唐太学生洪昉思昇著长生殿传奇，初成，授聚和班演之，圣祖览之称善，赐优人白金二十两，于是诸亲王及阁部大臣，凡有宴会，必演此剧，而缠头之费，较之御赏且数倍，聚和班优人乃请开筵为洪寿，即演是剧以侑觞。某日，宴于宣武门外孙公园，名流之在都下者，悉为罗致，而不及给谏黄六鸿。黄奏谓皇太后忌辰，设宴乐为大不敬，请按律治罪。上览其奏，命下刑部狱。……一时凡士大夫及诸生除名者，几五十人。

洪昇的这出《长生殿》在康熙初期确实是轰动过一时的，据说当时"酒社歌楼，非此剧不演"。《长生殿》是叙述唐明皇与杨贵妃爱情的故事，写他们的生与死、悲与喜，词曲清丽凄切，人物栩栩如生，实是曲文皆美的佳作。但是戏中也有宫廷荒淫腐败的描述，另记人民的痛苦与灾难，并指明皇家的"朱甍碧瓦，总是血膏涂"。所以这出戏造成戏曲狱案的原因固然与"大不敬"有关，但是某些内容情节可能也是朝廷不喜欢的。

戏剧内容的不妥与皇帝的爱戏曲应该是两回事。就在传说《长生殿》被禁的同一年即康熙二十八年，皇帝曾去蒙古旅行，随团前往的法国传教士张诚，在他六月九日的日记里记了这样的一段文字：

晚上，皇帝陛下为朝廷大臣们上演一出喜剧，一定要我也去，以便向他解说中国戏剧和欧洲戏是否有相似之处。有三四个演员演得好，其他的就平平淡淡了。这种戏剧中穿插有音乐和道白；既有庄严的场面，也有诙谐的场面；但以庄严为主。简而言之，这种戏远不如我们的戏那样有生气，那样令人动感情。……他们把喜剧分成几部分，按各自不同的时代表演。演来很像历史上某些重要人物的传记，里面插进了一些寓言，并分成几章。但是他们从来不做放荡的表演，或者说任何听起来不入耳的话。演员们都穿着中国古代服装。

这是皇帝一行在返京途中，到达古北口前一晚的记事，可见康熙戏瘾不小，在回京城前的两三天还要看戏听曲。

康熙皇帝喜欢戏剧应该是毋庸置疑的。现在仅以《圣祖五幸江南全录》一书中记康熙四十四年他第五次南巡江浙时，回程在扬州一地小住六天的情形，似乎就可以得到证明，书中写当年五月回銮事有：

> 初一日，皇上……御舟到三岔河上岸，进行宫游玩，驻跸御
> 花园行宫。众商加倍修理，添设铺陈古玩精巧，龙颜大悦，……
> 进宴演戏。
> 初二日，两淮盐院曹进宴演戏。
> 初三日，皇上在行宫内土堆上观望四处景致，上大悦，随进
> 宴演戏。
> 初四日，上即在行宫内荷花池观看灯船，进宴演戏。
> 初五日……文武官员晚朝，进宴演戏。
> 初六日，晚朝，进宴演戏。……

康熙皇帝此次南巡来回都经过了扬州，各住六七天，回銮时竟在扬州一连六晚"进宴演戏"，若非他爱听戏曲，大臣们如何敢作如此的安排？

如果我们再仔细看看皇帝这趟南巡在其他江南地方看戏的情形，相信大家会同意康熙是个戏迷的说法了。例如同书中记：

> （三月十七日）抵苏州，至苏州织造府内备造行宫驻跸……
> 织造李（煦）进御宴名戏等。
> （十八日）进宴演戏，皇上亲点太平乐全本，庆贺万寿
> 无疆。

（二十日）行宫内传清客演串杂剧。

（二十五至二十七日、在松江）进宴演戏。

（四月初七日在杭州）奏乐演戏。

（十二日回苏州）织造府李进宴演戏，至晚。

（十五日在苏州）又织造进宴，命清客串演杂戏。

（十七日在苏州）进宴演戏。

（二十二日至二十五日在江宁）进宴演戏。

（二十八日在金山寺）进宴演戏。

另外五月初八日这天，因为天雨未做戏，"上止命女乐清唱，至二更安歇"。

李煦是康熙皇帝早年在京中宠信旧人，这年皇帝南巡，他任职苏州织造，他了解皇帝的嗜好，因此日日演戏，后人编纂的《苏州府志》里都记载："……（织造李煦）恭逢圣祖南巡四次，克己办公。……公性奢华，好串戏，延名师，以教习梨园……衣装费至数万，以至亏空若干万。……"李煦不但在苏州招待皇帝看戏，并且还为皇帝寻觅戏曲高手入京。江南的大学者焦循就说过："圣祖南巡，江苏织造臣以寒香、妙观诸部承应行宫，甚见嘉奖，每部中各选二三人供奉内廷。"李煦还在一份奏折里向皇帝报告说："今寻得几个女孩子，要教一班戏送进，以博皇上一笑。……想昆腔颇多，正要寻个弋腔好教习，学成送去，无奈何遍处求访，总再没有好的。今蒙皇恩特着叶国桢前来教导。……"可见当时京中与江南是互有戏曲人员往来的。

事实上皇帝不但喜欢看戏，而且对戏剧的内容还常作研究，甚至发明创新。康熙四十二年，他第四次南巡归来，把退休住在杭州的旧臣高士奇也约了一同回京。后来高士奇得到殊恩被邀请去畅春园做客，皇帝亲自接待，除赐宴宴饮之外，又请高士奇看戏听曲。高士奇离京后在他的《蓬山密记》中留下当时的实情记事：皇帝命宫中乐队先以箜篌、虎拍、琵琶、三弦四种乐器合奏《平沙落雁》，后再弹奏变调《月儿高》，乐声婉转悠扬，令人神往。音乐之后随即表演戏剧。首先上演的是弋阳腔《一门五福》。这是皇帝根据汉人有吉庆事时常演之戏而精心安排的。后来又演出当时流行的昆曲《琵琶上寿》，据说剧中有打诨逗乐的内容，康熙怕高士奇不好意思，还特别向高士奇解释说："你年老之人，不妨观看，莫有回避。"接着又演出弋阳腔《罗卜行路》、《罗卜描母容》、《琵琶盘夫》以及昆曲《三溪》、《金印封赠》等剧目，并且向高士奇介绍了演员。皇帝还谦虚地说："尔在外见得多，莫笑话。"高士奇受宠若惊之余，只对戏曲连声赞美，说些"真如九天鸾鹤，声调超群"。可见皇帝对于戏曲，不止欣赏，还能做些研发的工作。

皇帝对戏曲的研发，现在还有一些他的谕旨存在，可以证明的。例如有一次他命令魏珠传旨说：

> 尔等之所司者，昆弋竹丝，各有职掌，岂可一日少闲。况食禄厚赐，家给人足，非掌天恩，无以可报。昆山腔当勉声依咏，律和声察，板眼明出，调分南北，宫商不相混乱，丝竹与曲律相合，而为一家，手足举止转睛，而成自然，可称梨园之美何如也。又弋阳佳传，其来久矣，自唐霓裳失传之后，惟宋人元种世所共喜，渐至有明，有院本北调不下数十种，今皆废弃不同，只剩弋阳腔而已。近来弋阳亦被外边俗曲乱道，所存十中无一二矣。独大内因旧教习口传心授，故未失真，尔等益加温习，朝夕讲读，细察平上去入，因字而得腔，因腔而得理。

另有一次他也降谕旨说了：

> 《西游记》原有两三本，甚是俗气。近日海清，觅人收舍已有八本，皆系各旧本内套的曲子，也不甚好，尔都改去，共成十

本，赶九月内全进呈。曹戏法若还未来，叫他去看七阿哥写帖奏闻。再传罗仙看看，写帖奏来。

这些谕旨虽是片断，而且年月不详，不过对康熙关心戏曲、研发戏曲的心情似乎可以表露无遗了。

康熙晚年，更以欣赏戏曲为娱乐的活动，而他对于音乐戏剧的兴趣，对研究音韵与乐理以及研制乐器的热心，正像他对其他的科学文化事物一样，有创新精神，有独到之处。

康熙重视皇子教育

　　康熙皇帝从小就接受儒家思想教育，读四书五经，练中国书法，到他当上皇帝以及日后亲政之时，深知要统治中国，就必得推行崇儒重道的政策，以笼络人心，兼箝制人民思想。皇子是他的接班人，为了清朝的存在，他的下一代也不能不深通学问，特别是儒家的学问。

　　胤礽在两岁时被册封为皇太子，四岁时，康熙便亲自教他读书，当时京城中传为佳话，有汉族的知识分子官员后来曾以羡慕的口吻说过："圣祖（指康熙）在宫中亲为东宫（指胤礽）讲授《四书》、《五经》，每日御门之前，必令将前一日所授书背诵覆讲一过，务精熟贯通乃已。……士大夫家弗如也！"胤礽六岁时，皇帝就为他找了张英、李光地等大学者为老师，勤加教导，希望把胤礽培养成为一代令主。

　　康熙的儿子很多，又散居各宫殿，而他自己又喜欢常在京外的畅春园居住，所以除了紫禁城中有皇子读书的地方之外，他又在畅春园特辟了一间皇子读书处，命名为"无逸斋"，寓意皇子们读书要勤奋努力，不能有一日暇逸。

　　当年皇子们读书的情形，我们在一些清宫的珍贵档案里还可以看到梗概，现在先以康熙二十六年六月九日这一天实状，简要地记述如下：

清早皇太子就到无逸斋内读书了，汤斌、耿介这些名师也赶来站在书房中，先听胤礽朗诵《礼记》数节，经义一篇。由于康熙皇帝命令要皇太子能背熟这些经文，老师们也要求胤礽背诵，据说"背诵不遗一字"。

不久之后，康熙皇帝早朝的公务办完了，他也来到无逸斋，查看皇子教育的情形，问汤斌等人皇太子背书是否很熟。汤斌回答："甚为纯熟。"皇太子又在他父亲面前再背诵一次，仍是"一字不遗"。皇帝后来又与老师们讨论了一些《书经》、《中庸》等书的深奥义理后才离开。

康熙回宫后，胤礽便在无逸斋伏案作书、写满洲文字一章、汉文数百字，以作为书法的练习。写好之后也交给老师们观看。

下午一时左右进膳，老师们也跟着吃午餐。饭后，皇太子再诵读《礼记》一百二十遍，这是康熙皇帝规定的标准，因为皇帝坚信"不如此则义理不能淹贯"。

然后胤礽走出书房，左右侍者为他送上弓箭，他拉满弓试射了三回，"中的者多"。射完箭后又回到无逸斋内，与老师汤斌、耿介等人再讨论《大学》、《中庸》二书中的若干问题，皇太子竟能不假思索地对《汤之盘铭》、《回之为人》、《修身则道立》几个专章，"阐发奥旨"，并且是"言简义尽，词约理明"，了然心口地讲述无误。

当天的薄暮时分，师生们才各自回家。

同月初十日，史料里记载皇太子的读书情形与前一天的差不多，只是皇帝上下午各来无逸斋一次，尤其是下午三至五点钟之间，皇长子胤禔、皇三子胤祉、皇四子胤禛、皇五子胤祺、皇七子胤祐、皇八子胤禩多人都在书房里侍读。皇帝向汤斌等老师以及一些与皇帝同来的大臣们说："朕宫中从无不读书之子，今诸皇子虽非大有学问之人所教，然已俱能读书。……外廷容有未晓然者，今特召诸皇子至前讲诵，汝等试观之。"皇帝说完便把桌子上的经书十多本，交给了汤斌，对他说："汝可信手拈出，令诸皇子诵读。"汤斌遵旨随手翻开不同经书，胤祉、胤禛、胤祐、胤禩等人依次"各读数篇，纯熟舒徐，声音朗朗"。后来皇帝又叫几位皇子融贯大义地讲解经书部分内容，并分别到书房外面射箭，大家都射中三四箭不等，成绩都不差。直到傍晚，君臣们结束这一天的书房生活。

由此可见：康熙皇帝对皇子的教育是很认真的，因为他相信"自古帝王莫不以豫教储贰为国家根本"！

十一
康熙以汉俗为子孙命名

　　满洲人是阿尔泰语系的南支一族，他们对人的命名方法与汉族人不同，而且他们通常只用名字，不常用姓。例如清朝很多名人如多尔衮、顾八代、鳌拜、明珠、索额图、和珅等等，多、顾、鳌、明、索、和，都不是他们的姓，只是他们满洲名字拼音成汉字第一个音节的用字。他们各家的姓氏分别为爱新觉罗、伊尔根觉罗、瓜尔佳、那拉、赫舍里与钮祜禄。由于早年满洲文化水平不高，给人起名字的方式也不很讲求，小孩出生时常以动植物（狮、鹤、韭菜、人参等）、用物地理（马鞍、弓、山、海等）乃至于出生次序（老大、老么等）为他们命名，几乎不成制度，更不像汉族人家人名的具有深度意义。清太祖努尔哈齐的儿子有褚英、代善、莽古尔泰、皇太极、阿巴泰、多尔衮、多铎等人，他们的名字原都是满文，后来音译成汉字，也看不出他们兄弟间有任何的亲属关连。清太宗皇太极的儿子们也是一样，先有满洲文人名，后来音译成汉字成为豪格、叶布舒、硕塞、福临……等等，显然也没有受到汉人文化的影响。即使到了他们入主中原以后，皇家子弟仍是依满洲旧俗命名，像顺治帝福临的儿子有牛钮、福全、玄烨、常宁等等，甚至父子同用"福"而不讲究避讳，可见他们还轻视汉人这方面的文化。康熙皇帝即位之后，在初期因为他年纪很轻，而且他又极度尊敬祖母，很多事都是依照祖母意思而行的。康熙皇帝的头三个皇子分别命名为承瑞、承祜、承庆，已经采用汉人命名制度中的排行用字。可是他的第四子名赛音察浑，五子、六子分别为保清、保成。出生次序第七、八的儿子又称作长华、长生，九子则又名为万黼，可见到康熙十四年以前，也就是这九位皇子出生时，皇家的子孙命名制度已见有汉化的痕迹了，但还没有系统化、制度化。

以上所举的这九位皇子，其中七位又分别在康熙九年至十八年之间早夭死亡，所以到康熙二十年时，皇帝正式采用汉人的命名方式，给当时存活的以及未来降生的儿子们作了一个命名的规则，即名字的上一字用"胤"字，以表示辈分。名字的下一字用"示"字偏旁，以分别皇家子弟的亲疏关系。因此日后康熙的众多儿子就以胤禔、胤礽、胤祉、胤禛、胤祺、胤祚、胤祐、胤禩、胤禟、胤䄉、胤禌、胤祹、胤祥、胤禵、胤禄、胤礼……等为人名了，这是清朝历史上前所未有的人名大改革，也是皇家汉化的一大明证；而且这样的命名制度，终清之世，没有再改变过。

康熙做了六十一年的皇帝，先后生子三十五人，所以到他晚年，子孙曾孙同时存在一百多人。康熙皇帝因此不但给自己的儿子定下了辈分用字与名字的偏旁，也给他的孙子甚至曾孙一辈的预定了用字。乾隆皇帝曾说："朕思朕与诸兄弟之名，皆皇祖仁皇帝所赐，载在玉牒。"《大清会典事例》里又记载："我朝皇子皇孙及近支宗室命名，自圣祖仁皇帝亲见曾孙，以永字肇赐嘉名。"可见在康熙时代，皇帝已经把后来雍正、乾隆与嘉庆三朝的宗室子孙人名预定好了。雍正一辈的人名已如上述，乾隆一辈的排行用字是弘字，偏旁是日字，所以乾隆的名字叫弘历，其他的兄弟有弘晓、弘瞻、弘时、弘昀等等。嘉庆一辈的排行用字是永字，偏旁则为玉字，因此嘉庆君叫永琰，他的兄弟有永琮、永璘……等等。总之，清朝皇家人名在康熙时起了大变化，接受了汉人的命名制度。

康熙皇帝虽然为清朝皇家命名奠定了新制度基础，他的子孙其后继续在这个基础上沿袭使用，直到清朝覆亡。不过就在他的儿子雍正一朝却发生了一段小插曲，那是改动了一些兄弟的辈分用字。事情是这样的：雍正皇帝的名字胤禛，他即位以后，一些大臣拍马屁，便让宗人府的官员上了一个报告给皇帝说："亲王阿哥等名上一字，与御讳同，应请更定。"敬避御名是古礼，但皇帝兄弟排行用字是可以不必避讳的。雍正皇帝接到报告后认为大家的名字都是圣祖康熙皇帝钦定的，"不忍更改"。礼部官员又出了主意，建议由雍正帝的母亲再裁定，结果皇太后以为雍正帝兄弟们名字的上一字"胤"字，可以改成"允"字，表示对皇帝的尊敬。其实这一切都是雍正帝自己导演的，他确实是位专制的君王，连兄弟们名字的辈行用字都不能与他相同，以示他的尊贵无比，没有人能跟他相同的。他的儿子乾隆后来继承为君时，也有人上奏章请按雍正朝故事将"弘"字辈排行用字改写。乾隆帝则降旨说："朕与诸兄弟之名，皆皇祖仁皇帝所赐，载在玉牒。若因朕一人而令众人改易，于心实有未安。"不同意改用其他字。比起他父亲雍正来，显然合情理多了。

十二
书法家康熙

康熙皇帝对中国传统书法，有着出奇的偏好，可以说他一生游情于翰墨之中。曾国藩曾经说过：这位皇帝"临摹名家手卷，多至万余"，实在可以列名于专家之林。

康熙皇帝在中国书法上造诣，连当时的西洋人都对他赞誉有加的，著名的法国籍耶稣会士白晋（Joachim Bouvet），曾在清宫中供职多年，后来他写了一份报告给法国国王路易十四，其中有：康熙皇帝"所有的爱好都是高尚的"、"他写得一手漂亮的满文与汉文"。可见康熙帝的擅长书法是当时中外人皆知的。

尽管有不少大臣为了谄谀，说皇上的书法美好是天授的才能，是天赋的异禀之一；但是康熙皇帝却说他在书法上的成就是由天性的喜爱与不断的苦练而得来的。在他五十初度之后，曾向大臣们说：

> 朕自幼好临池，每日写千余字，从无间断，凡古名人之墨迹、石刻，无不细心临摹，积今三十余年，实亦性之所好。

十二

书法家康熙

43

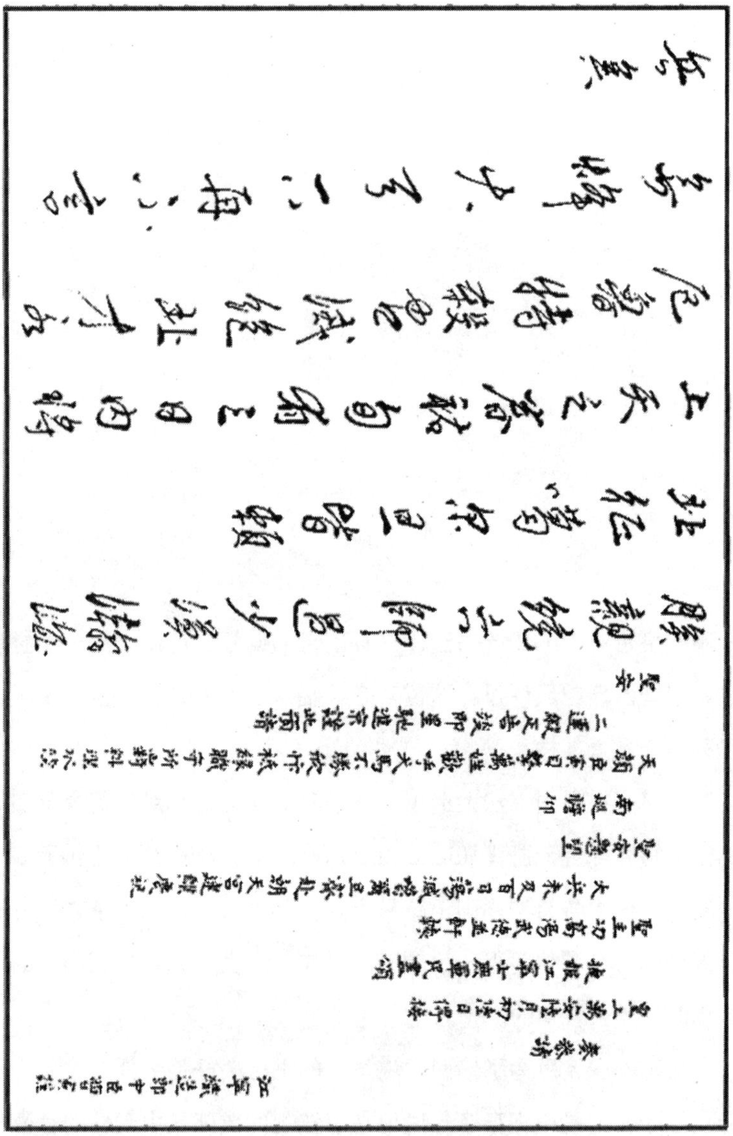

康熙三十五年六月初八日曹寅奏贺圣祖荡平噶尔丹事折

类似的话，皇帝也曾说过，如：

> ……宫中古法帖甚多，朕皆临阅。……所有法帖，朕曾临遍，大抵名人墨迹，屡经匠工镂刻，其原本精神渐皆失真。……朕素性好此，久历岁年，毫无间断。

康熙皇帝一生酷爱书法，他在临摹古人各家法帖中，心得很多，知道"用笔时轻重疏密、或疾或迟、斟酌俱各有体"，因此他可以被视为一位杰出的书家皇帝。尽管他说"每日写千余字"，那可能只是年轻初学书法时的事，因为在三藩动乱期间，在三征噶尔丹之时，显然是没有时间作书的，也没有心情练字的。而到康熙四十七年之后，一方面因为废皇太子的家变，另一方面是他的健康有了问题，使得他几乎无法作书了，所以他写字最多以及赐御书最多的时间，应该是在康熙十六年前后以及四十年至四十一年之间的一段时期。我们从史料中看到他在康熙二十八年时说他自己"目力不能书写细字"，三十一年时又对大臣们公开称"朕不写字作文亦久矣"。三十二年患疟疾多时，接下来又忙于征讨噶尔丹，自己长途跋涉到塞外边疆，三十七年以后，才比较得到空闲，书法作品显见增多了。康熙四十七年以后，他又经历了家庭与身体不顺意的双重打击，经常有心跳不寐的现象，甚至有头晕、手脚浮肿的痛苦，有时严重到右手不能写字。晚年当九门提督隆科多向他求墨宝时，他说："近几年不太写字了……虽不如前，好歹仍有原样，为使尔知道，将朕之御书诗扇赐去了。"隆科多当时是他的宠臣，勉强为之，送了他一柄御书诗扇。这也是史料中仅见的有关康熙皇帝书法生涯史上最后记载了。

康熙皇帝的书法是不是很美？他能不能跻身于书法名家之林？这些事我个人不能置评。不过，作为一个历史研究者，我倒有几点感想，应该略作抒发，以为本文结尾。

第一，在专制时代，皇帝是位尊权重的，是富有四海的，他可以穷奢极侈，他可以荒淫无道。然而，康熙皇帝却有酷爱书法的高雅嗜好，而且持之以恒地练习与研究，乐此不疲地以赠送书法交友与联络臣民，实在难能可贵。

第二，康熙皇帝与大臣们切磋书法或示范书法之时，尽管大臣们诮谀地说"皇上天纵之圣，书法尽善尽美，允为楷模"；但是皇帝总是谦称："虽好慕不衰，未窥其堂奥。"他向人展示书法或是赐人御书，也都表示"非谓书法已工也"。这种谦虚的美德，实在是不多见的。

第三，历史上有不少工书画、通音律、醉心翰墨的君主，常常也是好声色、喜浮华、治平无方，甚至玩物丧志而使国家衰亡的人，如南唐李后主、北宋徽宗等等。然而康熙皇帝却与他们不同，即使在初学之时，兴趣极高，几乎每日与臣工们论书道。他也不忘人君的本分，清代官书里记载过这样一件事：

> 上曰：至于听政之暇，无间寒暑，惟有读书写字而已。上遂御书一行令观。傅达礼奏曰：皇上书法端楷，尽善尽美。一日万机，复孜孜于学，讲习讨论，惟日不足，真可谓无逸作所矣。但人君之学与儒生不同，写字无甚关系，恐劳圣体。上曰：人君之学，诚不在此，朕亦非专工书法，但暇时游情翰墨耳，尔言朕知之矣。

这是康熙十二年三月四日君臣间的一段对话，充分表现了皇帝知道国事的重要，书法只是他的暇时嗜好而已，而他的接受谏诤的谦虚心怀也出现在字里行间了。二十年以后，他又在一个场合里向大臣说：

> 或有谓写字作文皆系虚文粉饰，虽极精工，亦无益于国计。朕不写字作文亦久矣。

可见康熙皇帝是很理性地喜爱书法，把书法当作一种休闲活动，用以怡情养性的，最多他有以书法为工具来笼络臣工与士民的念头，但这种功利性并不妨害他治国；相反地，对他的统治可能还是有裨益的。

十三
康熙皇帝依字用人？

　　康熙皇帝因为自己喜爱中国书法，他对朝廷中的大臣，特别是文官的书法当然就有些要求了。他亲政之后不久，曾经命令过翰林院的官员们勤练书法、研习诗文，后来因为三藩乱起，没有能如愿。康熙十六年吴三桂反清势力衰减，皇帝又重提旧事，对经筵讲官喇沙里等说：

　　　　治道在崇儒雅，前有旨，着翰林官将所作诗赋词章及真草书
　　不时进呈。后因吴逆反叛，军事倥偬，遂未进呈。今四方渐定，
　　正宜修举文教之时，翰林官有愿将所作诗赋词章及真草书进呈
　　者，着不时陆续送翰林院进呈。

　　翰林院的官员，特别是为他讲学的近侍官员，皇帝对他们在书法上的要求尤其严格。王鸿绪是皇帝的宠臣之一，"文章诗赋，颇为优长"，然而皇帝在康熙二十四年时仍说"近日王鸿绪字殊不见佳"，显然是说他不常练习了。康熙二十六年，翰林院题名沈上墉补日讲起居注官时，皇帝也说："讲官职任紧要，必得老成宿学之人，始可胜任。朕观此时讲官，迥

不如前。……即如写字一事，沈荃在时，极喜书写，从无厌倦。今虽间有能写字者，若令其书写，则深以为苦矣。这讲官员缺，尔等将可用之人问明翰林院具奏。"这也是表示了他对补缺人员的不满意。康熙三十三年，皇帝也命大学士们在翰林官员内，"知有长于文章，学问超卓者具奏"，后来大学士向皇帝提了一些人，其中"进士唐孙华，长于诗赋，文章亦佳"，但是经过皇帝亲自考试之后，则对大学士们说："观唐孙华文学实优，但字不甚佳，着额外授为礼部主事，令于翰林院行走。"翰林院官员若外转做官，也有以书法为考虑标准的。有一次，皇帝与大学士们谈到翰林院官调补外省道台的事，皇帝认为吏部的办法是有瞻徇情面之嫌的。他说：

> 今翰林官员内，或有不善书法者，或有不能撰讲章者，或有不能点断通鉴章句者，惟以饮酒、宴会、围棋、马吊为戏，未有读书立品，思副委用，以裨益国事为心者。……此事着问吏部，翰林院堂官，此道缺调用之议是否相宜。

吏部与翰林院的官员后来回奏说："翰林官以作字著书为伊等专责，或有书法不工，章句不能点断者，反以道缺相补，诚不相宜。……"从这段君臣议事的文字中，可见皇帝是重视书法的，不然如何会列为第一要项？

康熙皇帝因为重视书法，他常以臣工写字好坏来决定他们的前途，有人因书法好而得到更高、更好的官位，打进皇帝核心宠臣的圈子；有人则因写字不工整而不得升迁，甚至连考试都不能通过，根本谈不上做大官了。以下的几个例子，可以一看：

康熙十六年十月二十六日，皇帝降谕大学士们说：

> 朕不时观书写字，近侍内并无博学善书者，以致讲学不能应

49

付。今欲于翰林内选择博学善书者二员，常侍左右，讲究文学。伊等各供其职，若今仍住城外，则不时召宣，难以即至。今着于城内拨给房屋，停其升转，在内侍从几年之后，酌量优用。再如高士奇等善书者，亦着择一二人，同伊等在内侍从，尔衙门满汉大臣会议具奏。

大学士们会议之后，推荐了人选，最后皇帝作了决定，并给大学士勒德洪、明珠等人又降了一道谕旨：

着将侍讲学士张英在内侍奉，张英着食正四品俸。其书写之事一人已足，应止令高士奇在内供奉，高士奇着加内阁中书衔，食正六品俸。伊等居住房屋，着交内务府拨给。

张英与高士奇就因为"善书"等条件好被选入南书房中办公了，从此"备顾问、掌机要"，为皇帝所倚重。张英后来升为礼部尚书、翰林院掌院学士、文华殿大学士，可谓位极人臣。高士奇因非科举出身，但也升官为詹事府少詹事等职。后来被人弹劾休致回家，然而不久后又被召回京城，还在南书房中任职。信任之专，由此可见。

康熙二十四年三月，国子监助教员缺拟补用新人，大学士明珠等选出二人，一是工部的笔帖式陶三泰，另一是兵部笔帖式努山。明珠向皇帝报告说："臣等遵旨看其书写，陶三泰书写精工，为人亦优。努山系一朴实之人。"皇帝随即作了决定："陶三泰着补授助教。"可见皇帝是比较喜欢书法好的人。

相反地，有些人因书法不佳而就影响前程了，上述的唐孙华就是一例，还有比他情形更严重，连政治圈都打不进的也有。康熙三十年春天，在京城里举行殿试，有人就因为字迹不好而落榜的，清宫档案里便记录过这样的事：

（皇帝在逐卷详阅殿试选卷后）问大学士王熙曰：所作文章亦有甚不堪者否？王熙奏曰：文章无甚不堪，但有一卷，字迹潦草。上令取其卷，折名阅毕，曰：此五格字迹甚不堪，初学书写，将伊停此一科，下次再试。

这位考生显然因书法不好而被淘汰了。

你能说康熙用人没有以书法为考量的标准吗？

十四

君臣翰墨因缘

康熙皇帝虽然日理万机，但他仍抽空练习书法，尤其在年轻时更是勤奋。他和大臣们在书法方面的交往活动也很多，互相示范书法的事也常见记载。在康熙十六年四月初十日的宫庭档册就记述这样的事：

> 传（喇沙里、沈荃）入懋勤殿，命荃书"忠孝"二大字及"光明正大"四大字、行书一幅。上览毕，复亲书"忠孝"二大字。喇沙里等出，赐茶。又传谕沈荃：尔在御前作书，未免拘束，可于私寓写大小字数张进呈，朕将览焉。

康熙皇帝又于同年五月二十日召侍读牛钮至懋勤殿，命他写字。牛钮写了五言唐诗一首，"上览毕，亲洒宸翰，草书唐诗绝句一首"。

另外在康熙二十六年四月十七日，皇帝在乾清宫内与大学士等多人谈论书法，档册里记当日的情形是：

> 上又顾明珠等曰：朕适书阙里碑文，尔等可试观之。又命

讲官伊图、陈元龙向前共观。明珠奏曰：御书神妙，真是卓越古今。上曰：迩来无暇作书，运笔殊觉勉强，不甚惬意。王熙奏曰：皇上书法精熟，光华焕发，笔意与赵子昂相彷佛，而神彩浑厚实远过之。宋德宜奏曰：皇上究心字学，不但远迈宋、元诸家，即晋、唐名人俱在陶镕之内，所以诸体毕备，独集大成。陈元龙奏曰：御书结构谨严，笔法超拔，神化之妙，难以名言。……上曰：宋大学士向有善书之名，可就此案作书，朕欲一观其用笔耳。上降坐，立案前观书。宋德宜书唐诗一首毕，上又曰：陈元龙作小楷颇佳，且甚敏捷，可就此案作大字一幅。陈元龙亦书唐诗一首。上览毕，即亲洒宸翰，书唐诗一首。王熙、宋德宜奏曰：仰睹宸章，真如龙飞凤舞，臣等得侍临池，可胜欣幸。……

这段记事，虽有不少大臣的谀献之词；但皇帝能降坐观书，确实也表现了他对书法家的尊重了。不但如此，康熙皇帝有时还谦虚地临摹大臣的字，以"摹仿玩味"。康熙十六年五月二十四日的《起居注》里就有这样的记事：

詹事沈荃进呈奉旨草书《千字文》、《百家姓》。学士喇沙里率同启奏，上览毕，将御书汉字二幅赐荃，令喇沙里传谕曰：朕素好翰墨，以尔善于书法，故时令书写各体，备朕摹仿玩味。今将朕所书之字赐汝，非以为佳，但以摹仿尔字，故赐尔观之，果相似否？

由此可见：康熙皇帝对自己的书艺绝无"天下第一人"的狂妄成就感。相反地他还时常称赞书法好的大臣。他曾说："翰林内书法优长者皆有一种翰林气习，惟孙岳颁书法最佳，草书实是过人。"至于沈荃，皇帝也说他"书法遒劲，想专心学习有年故耳"。还有一位名叫梅玉峰的官员，此人可以仿写康熙皇帝的字，几乎到了乱真的地步，康熙帝也很赏识他，曾经说："梅玉峰见朕之字甚多，所以写字到了如此之好！"

由于皇帝酷爱书法，他也就非常怜惜与书法有关的人才了。满洲镶黄旗属下人喇沙里（一作拉萨礼），"以文翰通籍，累官至翰林院侍讲学士"，后来升官到掌院学士兼礼部侍郎。他在任职经筵讲官期间，曾为皇帝寻得了王羲之的《快雪时晴帖》真迹，令皇帝极为高兴。他又常带一些书法家大臣如沈荃等人到懋勤殿与皇帝一同谈论书法与书家，并偶尔互相作书写示范。康熙十八年十一月，喇沙里病逝，皇帝闻讯后非常难过，除特派内班侍卫携银三百两去丧家慰问之外，又命令大学士等"将好谥与他"。第二年又"加赠喇沙里礼部尚书，赐祭葬，谥文敏"，充分表现了皇帝对通文翰大臣的敬重。

康熙二十九年四月二十五日，皇帝早晨在乾清门听政时，吏部尚书鄂尔多因为太常寺少卿高层云病逝，向皇帝建议以通政司参议钱三锡补缺，皇帝听到报告之后，立即向起居注官员问道："高层云书法甚工，所患何病，尔等闻之否？"库勒纳和王顼龄便向皇帝奏报："高层云患痰火，六日而已。"大臣死亡，遗缺补人是经常有的事，很少见到皇帝会关心地问到官员的死因的，高层云的被皇帝关切，当然是与他"书法甚工"有关。

康熙皇帝对善书大臣怜爱关怀的最佳例证可以在沈荃身上看出。沈荃是汉人，出生于江苏华亭（今上海市），他在顺治年间考取探花，康熙二十一年十一月充任日讲记注官，当时皇帝正热衷字学，几乎每天都在练字。皇帝曾命沈荃在御前写大小字，沈荃的字他很喜欢，被"称善、俱留中"的很多。事实上，皇帝是在沈荃指导下练习董其昌的书法的。沈荃常和皇帝在一起讨论书法，康熙十六年六月十七日这一天的宫中档案记事就值得一读：这一天下午，皇帝召他到懋勤殿，给他看了很多宫中珍藏的晋、唐、宋、元名家的手迹以及淳化、兰亭诸帖。后来君臣二人又各写一些行书、大字，皇帝并把亲书的"存诚"、"忠恕"和早先写好的

杨柳阴阴细雨晴 残花落尽见
流莺春风一夜映乡梦 逐春
风到洛城 书为
季明年倩 沈荃 书

沈荃书法

"龙飞"、"凤舞"大轴赐给了沈荃。在沈荃离开时，皇帝又送了他六本法帖。沈荃死后，皇帝不止一次地提到他，称赞沈荃的书法美好，并说："沈荃在时，极喜书写，从无厌倦。"沈荃也因为"效力皇上之处甚多"，死后得到了一个谥号。

康熙三十八年春天，皇帝南巡江苏，遇到沈荃的儿子沈宗敬，皇帝追念故人，在赠送御书给其他官员时，也特别写了一幅"落纸云烟"给沈宗敬，以表思念。甚至到沈荃谢世后近三十年，皇帝还念念不忘他，《清稗类钞》一书中记述了这件事：

> 康熙癸巳（为五十二年）方望溪侍郎苞，供奉南书房。一日，圣祖（指康熙帝）召编修沈宗敬至，命作大小行楷，日晡，内侍至，传谕李文贞公光地曰：朕初学书，宗敬之父荃直侍，每下笔，即指其病，兼析其由，至于今，每作书，未尝不思荃之勤也。

康熙皇帝对善书大臣的情义，真可谓深长醇厚，而这些君臣翰墨因缘，也真令后人羡慕无限。

医生天子——康熙皇帝

一般说来，康熙皇帝算是一位健康良好的人；不过在他五十五岁前后，由于废储等等不愉快的事情发生，他有连病几个月的记录，甚至经年时好时坏的"诸病时作"。他与医药之事接触多了，累积了不少的知识与经验，真是如俗语所说"久病成良医"了。同时，在康熙三十二年，他四十岁的时候，患了一场疟疾，因吃了西药奎宁丸康复，因而对西医、西药发生了兴趣，并增强了信心。当时又有一批西洋传教士在宫中为他讲解西医学理，为他治过内、外科疾病，为他制造过西药，所以他得了很多西洋医药的专业知识。加上康熙喜欢博览群书，又富有研究精神，因而日子久了，他的医学造诣变得很高了，而且是学贯中西。

我们知道：康熙从小就喜爱读书，除勤读儒家经典外，又涉猎到不少中医的专书。由于他认真的研读，当然就有不少宝贵的心得。他自己曾经说过他能知道某些医书是"后世托古人之名而作"的，他能这样肯定地评论，显见他对医书的了解是既多又深刻的。

对于人体生病，康熙认为这是任何人所免不了的，所谓"阳奇阴偶，凡物好者少，恶者多"。一个人如果不想生病，平常最好"摄养惟饮食有节，起居有常，如是而已"。另外他认为"养身者但宽其心"也是很重要的。至于对病人用药，他也有特别的见解，认为"药性宜于心者不宜于脾，宜于肺者不宜于肾"，所以他反对乱用补药，尤其是家传的妙方。他很赞成古代良师的做法，应该先洞悉患者的病因，然后对症下药，而不是像"近世之人，多有自称家传妙方可治某病，病家草率，遂求而服之，往往药不对症，以致误事不小"。他对当时的中医批评很多，甚至有御医也被他指为"医学粗浅"、"往往不能救人"的，还有御医因用药不慎，被他下令"永不许行医"的，另外有些医生，康熙皇帝怀疑到他们的医德，说他们"所学既浅，而专图利，立心不善，何以医人？"尤有甚者，康熙皇帝对一切医家著作都有了怀疑，有一次他对大学士们说：

> 朕观医书，与儒书不同，儒者之书，皆言五伦之理，作文者据以发挥，虽文之优劣各由乎人，然其理总不出于五伦之外。若医书开一方于前，又列数方于后，果此一方尽善，则彼数方者又何用乎？以此揆之，彼著医书之人，已自不能无疑也。……

皇帝对中医有如此的坏印象，或者说是成见，可能是与他接触了西医、西药有关。康熙三十二年，他在疟疾治愈之后，体验到了西药的效能，对西医、西药产生了兴趣。

据当时的西洋传教士说，康熙皇帝在向传教士们学习天文、数学的同时，他又不时地垂询有关西洋医学的知识。张诚就在日记里写过："皇上还传旨向我们问到某些有关医药的问题，他问到烧伤药，以便他能够知道这些药在欧洲是怎样使用的，用在身体的哪一部分，以及防治什么病症等等。……"他也曾对温泉治皮肤病的事垂询过西洋人，了解西医对此的看法。康熙三十七年，他更深入地研究人体生理构造，命令西洋人把西文《人体解剖学》译成满文本，并且指示传教士：

身体上虽任何微小部分，必须详加翻译，不可有缺。朕所以不惮麻烦，命卿等详译此书者，缘此书一出，必大有造福于社会，人之生命，或可挽救不少。

皇帝对西医评价之高，由此可见一斑。

不过，皇帝也并非一味地妄信西医，他对中国传统的中医仍是重视的，他自己不但常以中国旧有医术治病，服用中国药物，同时他也经常为臣僚们以中国医理处方，赏赐臣僚中国的药材为他们医病。这些例子在康熙朝的档案史书是屡见不鲜的。

综观康熙皇帝一生，由于他自己生病，体验到了不少医学与药物的知识，加上西洋传教士又为他讲解西医的科学，为他介绍西药的效能，并分析人体的生理构造，使这位好学的帝王成为中西兼通的医学专家了。更难得的是他不断用心地钻研，细心地试验，热心地为臣工们治病，从而积累并增进了丰富的医学知识与经验，造就了他医生天子的地位。康熙皇帝日理万机，而在医学上竟有如此的造诣与表现，在中国历代的君主当中，他确实是少见的一位，也可能是仅有的一位。

十五

医生天子——康熙皇帝

十六
康熙谈补药

中国人一向重视补品、补药，病时固然要补，平时也应该进补。西医也强调营养对人体的重要。康熙既然在医学方面学贯中西，并且常常为人处方治病，他对补品、补药的看法究竟是如何呢？

令人奇怪的是康熙皇帝为人治病时，包括他自己在内，反对用补药，尤其是服用人参，他认为补药没有好处，甚至有害。在现在的官书档案中，我们随时可以看到他发表过的有关言论。例如康熙三十九年二月十一日他问起居注官揆叙气色何以不好，揆叙答以"近日偶染微恙，饮食不甚消化"。皇帝说："尔年幼不可漫服补药，服补药之人，断无受益耳。"四十五年九月十七日他又在一件奏章批写道："此人（指八贝勒）有生以来好信巫医，积毒太甚。……倘毒气不静，再用补药，似难调治。"这是对他自己的皇八子因风热发疹病而发的抱怨话。康熙四十六年夏间，武英殿总监造赫世亨下痢严重时，皇帝也降旨命令他"勿得饮用一切补药、人参等物"。同年他又对大学士们说：

朕尝谕人勿服补药，好服补药者，犹人之喜逢迎者也。天下岂有喜逢迎者而能受益者乎?

康熙五十年,大学士李光地手脚浮肿,皇帝曾说:"李光地病尚未平复,大抵皆湿热所成,服温补之药所致。"五十二年学士舒兰患眼疾,康熙皇帝又说:"服补药无益。""服补药如闻誉言,总无利益。"还有尚书图纳在头顶上生了疮,皇帝为他处方时也说:"此人素喜用附子、肉桂、人参等补药。……朕曾降旨切责之,日后岂不生此疮耶?""凡人之性喜补剂,不知补中有损,可笑……。"据上可知,这位皇帝数十年如一日地不喜补药。

至于皇帝为什么反对补药,可能与他亲身遭遇有关,以下两则事例也许可以用作参考:一是在康熙三十二年,当他患疟疾之时,因服用人参等药使病情加重,清代官书中记了这件事:

　　三司法题:太医孙斯百等误用人参,以致皇上烦燥甚病。……今孙斯百等罪甚重大,……应将孙斯百、孙徽百等俱拟斩。上曰:"孙斯百等诊朕病,强用人参致朕烦燥甚病。后朕决意不用人参,病遂得差。……着从宽免死,孙斯百等各责二十板,永不许行医。"

另一事例是在他废皇太子之后,心身交瘁而大病了一场。后来他说:"朕前岁大病之后,乃知温补之药,大非常人所宜。且温补非一法,如补肝者,即不利于脾,治心者,即不宜于肾。医必深明乎此,然后可服其药,不然徒增其疾耳。每见村野农人,终身未尝服药,然皆老而强健。富贵人动辄服温补之药,究竟为药所误而且不自知。"

从以上种种记述,大体可以了解康熙皇帝对补药有几种看法:"年幼不可漫服补药"。有些病不可服补药,如疟疾、眼病、生疮、浮肿等等。补药也有坏处,即"补中有损","如补肝者,即不利于脾,治心者,即不宜于肾"。总之，补药应该慎用，而不是一切病都需要进补。基于这些信念，康熙皇帝对于年老体衰的人，还是主张要服补药的。他的祖母孝庄太皇太后身体违和时，他同意应"进滋补之剂"。曾任勇略将军的赵良栋后来年老生病，皇帝特赐"人参以调摄"。皇帝也赐过人参给年高的宋荦与魏象枢等官员。还有两广总督杨琳、闽浙总督满保、直隶总督赵弘燮、天津总兵马见伯等人都得到过皇帝特赏的人参，而著名的清官陈瑸，到晚年病老时，皇帝更为怜才而赏赐给他宫中的好参，而且数量也很多。到康熙皇帝晚年，他又有了一种看法，即"南人最好服药、服参，北人于参不合"。他自己仍是"不轻用药，恐与病不投，无益有损"。

康熙有治病妙方——坐汤、食补与偏方

由于康熙皇帝通晓中西医学，又勤于收集有关资料，不断从事研究工作，所以他在为人医病时，除了正常的以中西药物给病人服用之外，他自己又相信有些病是需要由另一些途径治疗的，如用坐汤，即洗温泉；食补，即多吃营养食物；或用偏方等特殊疗法以达到治愈目的的。皇帝对这些特殊疗法很有信心，常常施用在患病大臣身上。现在且举一些例证如后：

康熙皇帝为大臣治病，他有特别的疗法，例如：第一是他相信"坐汤"能治很多病的，坐汤就是洗温泉浴。当康熙的祖母在世时，他常陪祖母去各地温泉小住，为祖母治病。不少大臣也听从他的话去坐汤。李光地就是其中最见效的一位。康熙五十年三月，年已七十岁的李光地身患毒疮，最初只是"坐起甚艰"，三四个月后，余毒大发，以致"两手硬肿，且浓血多至数升，痒燥经夜不寐"，到该年九月，竟然严重到"不能胜任衣冠，不能动移数步"的地步，皇帝叫他去坐汤治疗，兼用海水泡洗，结果收到很好的疗效，李光地的"疮毒已净，恶疾渐除"了。

第二是以食补治病。康熙皇帝认为病人在大病初愈或是病中需要加添饮食，以增进健康，如上述李光地在疮毒病好之后，皇帝在畅春园里接见了他，并且还"亲观病患所在"，后又下令叫奏事处"赉御赐臣鹿尾五条，大鹿一只，野鸡十只，海水三坛"，命李光地"勉进饮食，勿妄禁忌"。另外任职武英殿总督监造的赫世亨在康熙四十六年夏天生病，发冷发烧，不思饮食，后来证实是痢疾，经诊治后病况转好，"六脉稍和，下痢便数大减，惟年老气虚，胃不思食"，皇帝在他下痢停止"语音亦高些，夜亦得睡"之后，派人送给他"狗肉一大块，黄雉二只"，并降旨说："尔病如此，岂有不慈怜、视而不见之理耶？病人食此狗肉后痊愈者甚多，是亦朕之所见。朕非大夫，尔可食之看，黄雉亦用之看看。"赫世亨吃了皇帝赏赐的食物之后，果然身体好了起来，"已能坐卧，且气亦稍强"，皇帝闻之"甚喜"，随又差人送去鲫鱼十尾，叫他"少少食用，不得多食"，尤其不可因"心情喜悦，食之太过"。赫世亨病愈能下床行走之后，皇帝还命他"心勿烦闷，好生调养，必速康复"。当然康熙皇帝的食补处方也是要看病家情形的，如李光地只是皮肤病，赫世亨是在痢疾之后，施以食补，而不是一般的重病的人都命令他们食补。因为康熙皇帝是主张"饮食有节，起居有常"的人，他并不认为"食之太过"是好事。

第三是皇帝常用偏方给人治病。康熙四十五年，正红旗参领穆尔洪患病，从医生诊断书上可以看出他是下痢出血，不过又有发烧干燥、腰腹坠痛、小水结涩不通等症状。太医院的大夫为他施药无效，皇帝骂太医们都是医学粗浅，就说："朕亦患此种病，虽经大夫调治不见效。蒙古大夫给食兔脑浆，复用几种药，今病见大好。今因详书药方用法，……试用试治可也。"可惜档册里没有看到这一偏方的详情及用法，此处也无法作介绍了。

又有御前台吉罗卜藏古木布，有一年"下身致命疼痛，并有泡疹"，理藩院向皇帝报告，希望能求得一医生为他治病。康熙皇帝看了奏报之后，随手批了："此病朕得过二三十余次，治法甚多，而有效者少；惟略难受耳，并无何妨，晚上用醋熏之看看。"

还有一种比较神异的偏方，我们也看到康熙皇帝使用过，那是吉林将军孟俄洛在康熙五十三年底咳嗽咯血，皇帝派人去赏赐他一串"止血石素珠"，并且特别交代："倘咳黑血，勿卦头上，咳出可也。倘咳红血，卦之，即可痊愈。……"

皇帝相信偏方，也常向大臣们打听偏方，所以在康熙朝的档案文献中可以看到另外的一些偏方资料。如理藩院官员为皇帝从西北边疆回教同胞处获得中暑偏方是：

> 将绿葡萄捣碎取汁，兑热水一同服下，饮毕，令坐于水中为好。

从蒙古同胞的大夫处得到的治头痛偏方为：

> 其治法为小茴香制成粉，袋入小口袋内，不可过热，以温为宜，试敷于（头骨后）两风池穴，若觉有效，即感舒服，见效每晚敷二三次治之。以其小小热气，头内云气消散，似可痊愈。……

或者用其他材料，方法也是差不多的，如：

> 于浮阳两脉风池穴上，以盐熥治，亦可用麦粉熥治，盐见效快，麦略缓，两种皆可用。

此外，在康熙皇帝患疟疾时，也有大臣从陕西等地专送偏方三种到京城的，据说："询问每人，均称已试验治愈。"皇帝给"方子等留下了"，后来还是吃了西洋人的奎宁丸治好的。

大体说来，康熙皇帝虽信偏方，但他只相信试验过而有效的偏方，并不是一切偏方都妄信无疑，例如他从来就不信道士们的符咒与仙丹，他常常以所学的西洋知识应用到实际的试验上，他曾在京城城墙上立小旗占风；他派人去实地勘查大河的源头；他留心天文，细测日晷；他也试种水稻而生产了优良品种的"御种稻"。对于医学，他也是重视试验并追根究底的。康熙二十年苏州发生歹徒用药涂人面孔而使人迷糊被拐卖的事。刑部官员只注意歹徒应判何罪的问题上，皇帝则关心"其所用何药？何以能迷人"？要各级官员"将此处写明……一一察明具奏"。显然他对迷药的成分想有所了解。

他也曾在一次打猎后命人将一只冬眠的熊做解剖的试验，证实"熊能引气，故冬蛰不食"的话是不是真实，结果熊的肠胃中真是"净洁无物"。皇帝对此甚为满意，因为古语被他以实验证明了，同时他也在学习西洋解剖学之后做了一次亲身的实习。

到康熙末年，皇帝对这一类的知识追求仍是兴趣不减，他下令钦天监的官员叫他们密查衙门里一位百岁老人临终时的情形，看看"此人为何亡故，临终时是否与常人稍有不同之处？""尔等将此事甚密打听明白，一一详书寄与我等"。可见他是一位求知欲强而且富于研究精神的人。

总之，康熙皇帝虽然用一些特别的方式为人治病；但是都是经过他辛苦收集或实验来的，而且也确曾是有效的，不是一些盲信的药物与偏方。

康熙皇帝常对人说，他八岁登基的时候就知道"黾勉学问"了，当时由两位略通儒学的太监教他经书。他从小对读书有浓厚的兴趣，据说他"早夜诵读，无间寒暑，至忘寝食"。他的祖母对他如此勤奋好学，曾经打趣地说过："贵为天子，岂欲应主司试而勤苦乃尔！"认为他大可不必像考生赶考似的如此苦读，皇帝也不以为意，仍旧继续读书。

康熙十年夏初，经筵日讲正式授课之后，皇帝在饱学之士的协助下，学问有了突飞猛进的成绩。在日后的十年之间，他确实读了不少书，而且有深度地从事研究。举凡《论语》、《大学》、《孟子》、《中庸》、《书经》、《诗经》、《资治通鉴》、《易经》等书，几乎全部读遍。他常对大臣说"朕在宫中，手不释卷"或是"暇间惟读书写字而已"一类的话。他认为一个人"一刻不亲书册，此心未免旁骛"。他不但博览载籍，尽读儒家经典，"即道书、佛经，无不记识"。其他医书、农书也是他爱读的，可以说他是一位无书不读的人，而且读完书还能讲出心得。有一次，他对侍从的文学大臣们谈到他的读书历程，他说：

朕自五龄即知读书，八龄践祚，辄以学庸训诂，询之左右，求得大意而后愉快。日所读者，必使字字成诵，从来不肯自欺。及四子之书既已通贯，乃读尚书，于典谟训诰之中，体会古帝王孜孜求治之意，期见之施行。及读大易，观象占玩，实觉义理悦心，故乐此不疲耳。

　　可见他读书是有方法、有系统，也是有目的的；不过他不像一般大人物那样附庸风雅或是徒具名目地读书，他是在读书中发现了乐趣与实用价值而不断读书求知的。对于儒家各书在读后接受的情形，他坦白地说过："朕资性不敏，独于易旨虽极研究，终未洞彻耳。至若史、汉以及诸子百家、内典、道书，莫不涉猎，触事犹能记忆。"

　　另外，也是众所周知的，康熙皇帝对西洋学问也极感兴趣，他请欧洲传教士到宫中教他西方的天文、地理、数学、理化、医学、语文、音乐等等的学科，他也是很用功学习的，并且有很好的成绩，使他成为当时学贯中西的学者。

　　康熙皇帝读书治学的态度，我以为最值得称道，也值得人学习。例如他在经筵日讲开始的时候，每两天由讲官向他讲一次书，他后来觉得他"听政之暇，即于宫中披阅典籍，殊觉义理无穷"，因而对"隔日进讲，朕心犹为未足"，于是命令大臣们"日侍讲读，阐发书旨，为学之功，庶可无间"。经筵也就每天举行了。

　　皇帝确信"学问之道，必无间断，方有裨益"，所以他主张"寒暑不必辍讲"。三藩战争发生时也不能停讲，尽管军事重要，也得"不妨乘间进讲，于是无所废误"。至于皇帝生日、讲堂修缮、宫中喜庆，甚至皇帝小病的时候，都令侍讲官们"仍来进讲"，"不必间辍"。

　　经筵日讲一般进行的方式是讲官们事先拟好讲章，然后进讲。康熙皇帝在后来认为这种单向式的教学应该改进。他说："读书务求实学，若不询问、覆讲，则进益与否，何由得知？"因而经筵讲学的方式后来有时由皇帝"先亲讲一次，然后（由讲官）进讲"，甚至有时候他还对日讲官们说："朕于四书究心已久，汝可试举一章，侍朕讲解。"康熙十六年六月初五日，在皇帝的催迫下，侍讲学士喇沙里只好遵旨举出"子曰舜其大知也与"一章请皇帝讲述，据说当天皇帝的"讲论精微，义理融过"，十分精彩。

康熙皇帝常批评明朝皇帝在经筵时"默无一言"，只听大臣解说，他认为这只是在对付时刻，因此他主张讲官们进讲时，听讲的皇帝也应该主动地提出问题讨论。在清宫的档案中有关的记事不少，现在且举两则，以为说明：

康熙十六年四月初六日，"辰时，上御弘德殿，讲官喇沙里、陈廷敬、叶方蔼进讲。……讲毕伊尹以割烹要汤。讲章内有伊尹之在有幸，诸葛亮之在隆中，惟其处而无求，所以出而能任等语。……上问曰：诸葛亮可比伊尹否？廷敬对曰：此一章书是论人臣出处之正。三代以下，亮之出处最正，所以比之伊尹。上曰：伊尹圣之任者也，以其君为尧舜之君，亮能之否？廷敬对曰：先儒谓亮有王佐之才，亮虽不及伊尹，然其学术亦自正大，后世如此等人才，诚不易得，但其所遇之时势不同，所以成就不及伊尹。上曰：然。"

康熙二十二年十月二十日，日讲之后，皇帝问讲官道："宋学之名，始于宋人否？张玉书奏曰：天下道理，具在人心，无事不有，宋儒讲辩更加详密耳。上曰：日用常行无非此理。自有理学名色，彼此争论益多。牛钮奏曰：随事体认，义理真无穷尽，不必立理学之名。上又曰：汤斌云何？斌奏曰：理学者本乎天理，合乎天心，尧、舜、孔、孟以来总是此理，原不分时代。宋儒讲理，视汉、唐诸儒较细，故有理学之名，其实理学在躬行，近人辩论太繁耳。上曰：朕见言行不相符者甚多，终身讲理学，而所行之事与其悖谬，岂可谓之理学？若口虽不讲，而行事皆与道理符合，此即真理学也。"

此外，康熙读书重视实验的态度也是令人佩服的。他在北京城头占风、派人探测黄河源头、解剖大熊了解胃中食物等等，都像似专家在做学术研究一样，可见他的读书不是表演，不是徒具虚名，而是对书中义理真正地有了兴趣，想作深一层的探讨，也正因为如此，他后来成为一个学术造诣很深的君主，不像明朝皇帝那样的"不谙文义"。

康熙的著书与修书

　　康熙皇帝一生与书结下了不解之缘，除了他爱读书之外，他的著述也不少，而他修纂的书更多，其中并有不少是中华文化宝库中的重要财富。

　　康熙在三十岁时，大臣们曾上奏请把他历年"睿思所及，发挥理道"的若干文章，刊刻颁布，皇帝虽觉得自己的著作不能与以往帝王媲美，还是"勉从"大臣们的建议刊行了，这是康熙著作的初刊本。康熙五十年之后，他对修书的兴趣大增，也为自己多年来的诗文做了整理与出版的工作，日后命名为《清圣祖御制文集》中的大部分是他在世时亲自主持，由大学士张英与詹事府詹事高士奇等人协助他完成的。这部文集共为四集，一百七十六卷，其中前三集一百四十卷是在康熙五十一年至六十一年间陆续出版的，第四集三十六卷则是在他谢世后由继承他为君的雍正皇帝筹划刊行问世。康熙的这部文集具有重要的史料价值，尤其是集中收录的千余首七言与五言诗，题材广泛，都是皇帝历年亲身经历重大政治活动时，体现出他思想的真实记录，足以补正史之不足，这是文学内涵之外的另一项成就。

　　由于康熙皇帝喜爱读书，有心研究，当他出师行猎或巡视各地时，他经常注意到各地的方言习俗、山川物产、动物虫鱼、药材草木等的异同关系，他不但留心考察，有时还深入探究。晚年他把这些心得写成了文字，分为上下两册的《康熙机暇格物编》，书中记述的事物很多，例如他分析了中国农作物生长与南方北方土性及气候的关系，蝗虫滋生的规律，水利与农业的兴衰以及各地农作物品水稻、小麦、西瓜、葡萄等的生产情形。又因为他学过西洋的科学知识，他对自然界的若干现象也有所论述，例如他注意到黑龙江西部察哈延山"喷焰吐火，气息如煤"的奇特情况，谈到土壤物质的问题。他从瀚海的螺蚌甲田，推知远古的蒙古大沙漠曾是泽国。康熙皇帝的这些知识结晶作品，直到清末光绪年间才付梓传世。

除了以上两书之外，康熙皇帝还有一本著作也是值得一提的，那就是《庭训格言》。康熙四十七年初废皇太子之后，他大病了两个多月，其后身体一直不太好，心情尤其伤感，因而使他有了写作这本《庭训格言》的动机，他当时因体力不支，只好口述由身边的皇子或亲信侍卫笔录下来，到雍正继承之后才正式整理定名出版。这本《庭训格言》是以康熙一生体验各事经验为主，用回忆的方式，告诉后人一些有益的做人处事道理。全书一共记录了二百四十六个小事件，讲些修身、齐家、治国、平天下的至理，相信这是他在废储之后、诸子争继时有感而发的。由于这书中的文字内容，几乎都是《清实录》与《圣训》里不见的，因而价值就更显得重大了。

康熙五十年，一方面因为年近花甲，体力渐衰；一方面废储之事使他心情烦乱。他一度想到治国数十年中守成、创业的成就，应该做些总结，留下文字的千秋事业，因而他把心力转移到编书、修书等工作上了。当时他在大臣的奏疏上就批写过："每日修书不肯闲住，此朕最乐之事。"除了皇帝对书有兴趣，与书结了缘的原因之外，当时的政事背景也是与他修书有关的。

在现存的档案资料中，他在五十年代初期确实是每日以修书为乐事，即以武英殿管事大臣写给他的报告，我们就可以看出他当时几乎是凡刻书、印书、翻译书、装订书，样样都管，而这三数年间，武英殿经办的出版书籍至少就有《性理大全》、《御选唐诗》、《河图洛书注释》、《性理奥》、《新经说》、《避暑山庄诗》、《历代诗集年表》、《朱子全书》、《两汉文鉴》、《几何原本》、《诗韵》、《周易本义》、《周易折中》以及西洋人翻译的《周易》、《数表根源》等等数十种。

其实康熙皇帝还编纂了一些传世之书，例如《古今图书集成》、《子史精华》、《全唐诗》、《佩文韵府》、《骈字类编》、《广群芳谱》、《律历渊源》、《清文鉴》、《康熙字典》等等。《古今图书集成》是他命令皇三子胤祉与陈梦雷、蒋廷锡等人主编的，全书一万卷，是仅次于《永乐大典》的一部类书，分为历象、方舆、明伦、博物、理学、经济六编，内容极广，材料丰富，分类详细，颇有参考利用的价值。《子史精华》六十卷，分三十类，采录子史书中名言隽句，"大书以标其精要，分注以详其首尾"，颇为便利作家引用。《佩文韵府》则分韵隶事，以二字、三字、四字相从，依末一字分韵，分隶于韵目之下，而又各以经史子集为次，很便利查检。《广群芳谱》是花卉植物种植的专书。《律历渊源》则专论天文历法诸事。《康熙字典》修成于康熙五十五年，书中收录了历代字书的优长，其特点为收字最多、辨形、释义、注音、引例等方面，比以前字书完备，另外在编排使用的方法也井然有序，查阅非常便捷。《清文鉴》是满文字典，此书的出版不但规范了官方通行满语的内容，也提供了日后应用与研究满文满语的正确依据。《全唐诗》是集唐代近两千诗人的四万多首诗篇而汇于一书的巨著，以楷书写刻，风格别具，而书写之精，直可与《灵飞经》媲美，也是一项绝非私人能力所能做好的文化大工程。

康熙皇帝修书，并不是只挂名而出些风头，他常是实心负责任事的。有些书他提出编纂主旨，向负责工作的列出要求。当《康熙字典》与《周易折中》纂修时，他指出不能"据一家之见，守一家之说"，而应该博采众家之长，或是说应"折中而取"，务求至当，不能偏主一家。对参与《书经传说汇纂》与《诗经传说汇纂》编订的人他也说要有持平的态度，甚至应将一些不用的旧说也附录在书中，让后人可以了解古义。进行修纂《朱子全书》时，他嘱咐大家："此书不可比于别书，盖其性、理、礼汇于一体也。"着手《古今图书集成》编纂时，他则指出以往类书"或详于政典，未及虫鱼草木之微；或但资词藻，未及天德王道之大"。他希望这部新书"必大小一贯，上下古今，类列部分，有纲有纪，勒成一书，庶足大光圣朝文治"。康熙对修书的态度也是严谨的，他对博津所译的《易经》批评是："只是自以为是，零星援引群书而已，竟无鸿儒早定之大义。"甚至指出书中援引贾谊"该文章句，出自何典故、何书，即彼未必知之"，他觉得这些缺失要改正。又如他对《两汉文鉴》一书文稿中"称系明朝刘洪义合刊之明朝版"，他问道："刘洪义之名如何得来？书内并无此名，亦未载刘洪义系何时之人，编纂者如何下此结语？"可见他很重视考证。很多书由他自己亲自校对，像《性理奥》翻译满文本时，他就指出过译文前后不一，命令译书的人统一用字用词。他曾经说过《性理奥》所译之书，每次送来（文稿），皆逐字详究。《清文鉴》在最后定稿时，他也逐一审查大臣们所进呈的书稿，研究修改，甚至还援引古文古书来互证。另外，我们发现康熙在修书时对若干技术问题也关心过问，像《朱子全书》的"刻版不清，字粗糙又有错误"；《性理大全》版面很好，但第一册写成的与原本不合；《月令广义》工作太慢，"宜稍上紧"；《新读数表》的"字尽量粗些"，甚至他自己也画出一个《新读数表》的样张，供刻印处参考；《孝经衍义》、《资政要览》诸书封套大小与用绫子做封皮；《御选唐诗》印刷一千部等等，他都是亲自参与、烦神设计的。康熙在修书的工作中确实付出不少时间与精力，谁能说"钦定"、"御制"、"敕撰"名不副实？

二十
康熙自幼即崇华

康熙二十三年十一月初四日夜，皇帝在南京燕子矶畔的御舟上，对随行的大臣高士奇说：

> 朕自五龄即知读者，八龄践祚，辄以学庸训诂，询之左右，求得大意而后愉快。日所读者必使字字成诵，从来不肯自欺。

同时他在另一次谈话中又告诉人们说：

> 朕八岁登基，即知黾勉学问，彼时教我句读者，有张、林二内侍，俱系内时多读书人，其教书惟以经书为要，至于诗文，则在所后。

可见康熙皇帝从小就受到中国传统儒家文化的熏陶，他的崇华思想也可以说是其来有自的。

不过在顺治十八年正月他继统为君之后，由四位勋旧重臣辅政，加上他祖母孝庄太皇太后的幕后指挥，他根本就是一个有名无实的皇帝。而辅政大臣们又都是守旧的满洲本土派，所以在康熙初年，将顺治时代的一些"慕华制"的政策，几乎都改弦更张地修正过来，一切以尊崇满洲为前提，重新制定了一些政策方针。例如辅政大臣们先把明朝制度的太监衙门尽行革去；停罢内阁与翰林院等机关，恢复满洲旧有的内三院。另外又把太常寺、光禄寺、鸿胪寺等执掌祭祀、宴劳、朝会等事的机构再归属于礼部，不使其成为独立机关，藉以抵制与防范汉族的封建礼仪发生渗透的影响。辅政大臣们又为了减少汉族文化、儒家思想的传播，将三品以上官员父母亡故给予祭葬以及八旗官学生移送国子监教习等的顺治朝制定的制度，陆续取消。当然为了首崇满洲，辅政大臣们更提高满洲官员的品级，公然表示满汉官员在政治与经济地位上的不平等。尤其特别的是辅政大臣们竟推延皇帝经筵讲学的时间，为的是防止皇帝"习汉俗"，崇尚汉人文化。

康熙皇帝因为冲龄继位，大权旁落在辅政权臣手中，而权臣又有跋扈"独专权柄"如鳌拜的，不但结党营私，独掌辅政之权，甚至还在皇帝面前"攘臂"争辩，"不将朕放在眼中"，使康熙皇帝益发感到满族权臣势力的可怕，汉人的制度必须借取与重新建立。因此在他清除辅政大臣的恶势力之后，便陆续地表现了他崇华的作风，终于以崇儒重道作为他的基本国策。他首先重用汉人熊赐履、冯溥等人，担任中央政府的要职。不久恢复明朝制度中的内阁与翰林院，以大学士入值票拟一切公文。又宣布满汉官员品级划一，以示满汉一体。并命令"修理圣庙国学"，以举行"临雍释奠大典"。《圣谕十六条》的颁布与通令在全国各地宣讲，也是他亲政后不久便推行的政令。而经筵日讲与起居注馆的建立，更是他贯彻崇华崇儒的另外一些表现。

在康熙十二年吴三桂等三藩反清之前，康熙皇帝还陆续恢复被守旧辅政大臣们废止的"三品以上官员，父母亡故，给与祭葬"、"八旗官学生移送国子监教习"等制度。又规定祭祀孔子时满洲文官三品以上"亦应前期斋戒二日陪祀"，并实行了满蒙汉文武官员"遇有父母丧事，不计闻，准守制二十七月的制度"。另外"年高有德，堪为宾介者"，得参加顺天府的乡饮酒礼。凡此种种，都是康熙皇帝为努力改善满汉关系、表现崇尚汉族文化、以儒家思想作为治国指导思想的一些具体政治措施。由于尊孔崇儒有助于三纲五常等传统中国伦理的重建，如此一来，不但加强了汉族人士对清朝政权的向心力，也加强了康熙皇帝个人的皇权。更深一层地看，康熙的崇华，固然与他从小即受儒家思想教育有关，但也是康熙总结满族入关后统治汉人经验的一项理性体验，因为他深切地了解只有用儒术才能顺利成功地治理千年来以儒家思想为主流的国家以及数以千万计的服膺儒家伦理的汉族人民。由此可知：康熙的崇华多少是带有功利性的。

二十　康熙自幼即崇华

二十一
康熙的文化政策

　　康熙二十年代以后，可以说是一个国家统一、集权中央，人民得到休养生息的时代，也是文治与武功隆盛的时代。这些成就是由多种因素缔造而成的；但是康熙的文化政策绝对是其中重要的一项。

　　满洲人在明清之际的汉人眼中是"边夷"，由于夷夏之防的牢不可破，汉人对他们的成见很深。加上明清换代带来的动乱不安，整个社会陷入空前危机之中。因而不少知识分子便进行反思，希望提出救国救民的新主张来，黄宗羲、王夫之、顾炎武等人就是其中的代表。这些汉人思想家是明朝的遗臣，当然极富民族精神，他们的言论与想法在当时是不利于清廷的，例如他们认为"天下之治乱，不在一姓之兴止，而在万民之忧乐"，甚至他们明白地指出："天下之大害者，君而已矣。"直接地批判明清君主了。清朝入关伊始，首重南明反清势力的平服，所以在顺治年间，便以尊孔崇儒作为表面上安抚汉人知识分子的政策，不过无法落实执行。康熙皇帝自幼饱读汉儒经书，又总结他祖先对汉人施政的经验，深知要治理汉人国家，不能不推行以儒家思想为主流的政策，因此他就把以儒术来强化思想统治的政策真正实施了起来。康熙选定了程朱理学作为他官方文化政策的哲学基础，因为程朱等宋朝的大学者，他们强调三纲五常的儒家大道理，并解释纲常是永恒不变、不可抗拒的天理，若有人企图改变这种天经地义的教条，这人就会被视为罪大恶极。中国人已经几千年在儒家思想中生活长成，因而很容易地被这套三纲五常的理论束缚与箝制着。康熙皇帝本人又在当时的名理学家熊赐履的教授之下，很通晓程朱理学的内涵。他把儒家文化思想中的经世、忧患、变通等理想与使命的意识加以淡化，也就是把一些活跃的、可能影响专制皇权的思想部分予以忽略，而只着重在静态的关系和谐与社会平衡一方的鼓吹强调，所以他把理学局限归结为伦理道德学说，教"人读书，宜身体力行，空言无益"，教人以儒家的君仁、臣忠、父慈、子孝、朋友有信这些纲常为伦理道德的规范，如果全国人民都如此，皇帝当然就可以"治万邦于衽席，和内外为一家"了。康熙皇帝的文化政策，说穿了他是不谈程朱理学家们思想中的哲学思辨部分，不去探讨程朱思想的博大精深的体系，而只宣扬他们的修身齐家的伦理道德，把大臣与人民都约束在儒家道德教条之下，以维护他的皇权，巩固满族的统治地位，康熙皇帝的文化政策不能不算是高明的创作了。

如果我们再深入一点去探讨康熙的崇儒文化政策，我们还会发现他最初尊崇孔子，而后随着他对朱熹学问的了解增多以及对儒学素养的提高，他改变了尊孔态度而转向为强调朱学，利用朱学为维系人心与箝制人民思想的工具。不过他本人不以理学自任，更不去争取"道统之传"的领袖地位，他只重视理学为立身根本之学，这也是他的谦虚伟大处了。

由于康熙皇帝以崇儒为国策，以文化教育作为治国的根本之计，文化事业乃得正常发展，知识分子又被视为社会中坚，这一正确的政策，致使大多数汉族知识分子与他合作，热烈参加了开科取士的抢才大典，并响应了"博学鸿儒"、"征求山林隐逸"等的号召，纷纷入仕清朝，为国家服务了。

康熙朝的崇儒文化政策，在另一方面也产生了凝聚全体社会成员的力量，因为大家都修身齐家，对稳定社会、促进国家经济的繁荣发展、文化

二十一 康熙的文化政策

的恢复与弘扬，都起了积极的作用。当然康熙为维护他自身的皇权与满族统治权而抹煞了理学的哲学思辨部分，对人的才智设限，这对民族精神的发扬以及理性思维光辉的发展，确都产生日后的恶果，这是值得我们记取的教训。

康熙在位六十一年，经常出巡在外，办公情形当然随时随地有所不同。这里想描述的只是他在京城期间的正规情况。

法国传教士白晋写过：

> 每天清晨，他照例视朝，接见在京官员。其中的主要大臣们一起向他呈递奏章。在决定一切重大事件之前，他先把奏章送到阁老院，只有这些阁老是审议事情后向皇帝提出书面意见的帝国大臣。然后，皇帝亲自对此作出决定。未经皇帝审核，这些大臣和阁老的决定是没有任何效力和作用的。

白晋的说法大体上是正确的，阁老院应指内阁，阁老是指当时的内阁大学士。现在我们从《康熙起居注》里抄录两天的记述，作为印证：

> （康熙二十一年五月初七日）甲寅，早，上御乾清门，听部院各衙门官员面奏政事毕，部院官员出。大学士、学士随捧折本面

奏请旨：为勘阅河工事。上曰：尔等曾问魏象枢否？大学士明珠奏曰：臣等问魏象枢，据云：年老有疾，不能乘马，且遇风两目作痛，去则一身不足惜，恐误朝廷事务。上曰：徐元文可遣。良久又曰：徐元文系江南人，有妨碍否？明珠奏曰：江南本乡，恐有不便。上曰：着宋文运去。此人不肯依阿人，亦不能摇夺。又为镇国将军品级哈尔萨叩阍，恳还其父公爵及所有佐领，宗人府议给事。上曰：尔等之意如何？明珠奏曰：此事屡次控告甚明，但给与不给出自上裁。上曰：伊父有军功，似可给之。明珠等奏曰：此系宗室，给之亦无不可。上曰：着议政王、大臣会议具奏。又为吏部题补刑部侍郎员缺事。上曰：朕昨观奏章，见票签写叶方蔼转左侍郎。闻叶方蔼已经病故，尔等仍拟此签，是何缘故？勒德洪、明珠奏曰：皇上睿见甚周，臣等失于检点，以致错误。上曰：可改票来。上又曰：叶方蔼侍从讲帷有年，勤慎素着，朕欲给予恤典，尔等可查例来看。又为蔡毓荣题，缘事游击王振等皆行间谙练，着有勤劳，请乞皇上召试录用，兵部议不准行。上曰：王振等效力行间，劳绩颇多。此内有王进宝标下官员，皆骁健堪用。明珠奏曰：此辈虽少有罪过，然立功多次，可以赎罪。上曰：王振等着依该督所请，令其来京，酌量补用。此内现任官员于应升时，亦着来京引见。

另外再就康熙二十五年十月二十六日的视朝情形作一介绍，《康熙起居注》里记：

辰时（上午七至九时），上御乾清门听政，部院各衙门官员面奏毕。大学士觉罗勒德洪、明珠、王熙、吴正治、宋德宜，学士李光地、吴兴祖、禅布、韩菼、赛弼汉、葛思泰、徐廷玺、郭棻、吴喇代、齐色，以折本请旨：吏部题金都御史张集升任员

82

缺，论俸开列大理寺少卿徐谔武、通政使司左通政王遵训。上顾
大学士等问曰：其次应升者有谁？王熙奏曰：有王承祖、钱珏。
明珠奏曰：尚有卫执蒲。上问曰：钱珏居官如何？王熙等曰：居
官好。上曰：钱珏曾参穆尔赛，着补授此缺。

康熙皇帝除了不视朝、出巡或少数其他情形，他几十年如一日御门听
政，每日办公的情形也都与上述的差不多。不过从以上两天的记事中，相
信大家都能看出，听政确是君臣共治的一种议政方式，但在专制的当时，
一切事务的决定大权仍是操在君主手中的。像文中所记的一些人事任命以
及给赐爵位、召试录用、给予恤典等，大学士们只听皇帝的命令，几乎是
无权反对的。不仅如此，我们在有关康熙皇帝御门听政的记录中，还可以
看到他专断的一些有趣事件，现在略举几项如下：

康熙皇帝在与大学士们讨论折本时，他有时先对某人某事表示了意
见，大学士们当然只有照着他的意见写出票签了。例如康熙不满闽浙总督
姚启圣在征讨台湾时有不主张战争解决问题的倾向，便在台湾收复以后对
他印象大坏了。有一次姚启圣上奏来请求开垦广东沿海荒地事，皇帝先在
大学士等前指责姚启圣犯了很多错误，如此一来，大家对他请准开垦荒地
的事都不敢有赞成的了，尽管皇帝叫大家对此事"严切拟票送进"，谁还
敢写出对姚启圣有帮助的意见呢？

又如康熙二十八年二月二十一日君臣们在御门听政时讨论汉军擅自买
下蒙古、满洲家仆的事，皇帝原先是认为"不必禁止"的，大臣们也照着
他的意思写在票签上了。但是在讨论之际，皇帝突然感到如果只令汉军招
买，"不但价值顿增，且尽为汉军所买，满洲不得买"，损失满洲人的利
益了，他干脆又叫大学士改写票签为"禁止"字样，显然皇帝的想法才是
最后的决定。

还有更有趣的就是他代表大学士们做了一些工作，他根本不需要大学
士们的票签，他在讨论当时就帮大臣拟好了票签的文字。像在平定三藩之

二十二

康熙如何视朝办公

时，总督董卫国向皇帝报告了清军得胜打下了遵义府，康熙高兴之下，就对大学士说：你们可以在这份奏报上写说："据奏恢复遵义府，伪将军马宝逃遁，杀敌甚多，知道了。"

"票签"或"拟票"本来是明朝就使用的一种制度，即各处大臣进呈给皇帝的奏报，先由大学士们阅看，并以小纸片（票）写下初步处理的意见，供皇帝参考用的。如果皇帝同意大学士的处理方法，就照"票签"的文字以朱砂笔重抄一遍，交还给原提奏之人，作为合法办事的依据。康熙现在自己拟票了，或是随己意改票签了，可见他是一位强调皇权至上的皇帝。

　　古代中国，京城里或外省的官员要向皇帝报告事务，常以文字书写，逐项说明，在不同的时代里，这些报告有"奏"、"疏"、"章"、"封事"等不同的名称。后来因为较长的报告一页不够写，就加用纸张折叠在后页，故又有"奏折"的称谓。这种报告制度到了明朝更有系统了，规定凡是公事得用"题本"，以一种非常透明的方式经过中央衙门传送给皇帝。如属私事，可用"奏本"，由太监处转呈皇帝。不过有时公事与私事很难明确分野，所以有的大臣也难免在奏本里向皇帝谈些公事。清朝入关以后，采用了明朝的这项君臣间的通讯方式，公事用题，私事用奏。不过到了康熙时代，章奏制度开始有了变化了，在内容与性质上都起了一些变化。

　　康熙皇帝本来是位"恶虚文、尚实际"的人，对于大臣们写来的报告，他最初认为简明就好，重点在谈正事，他厌烦浮泛无益的文辞，不喜欢听大臣谈无聊的人事。甚至有一次他还说："明朝故典，朕所悉知，其奏疏多用排偶芜词，甚或一二千言，每日积满几案，人主讵能尽览，势必委之中官，中官复委于内客，此辈何知文义，讹舛必多，奸弊丛生，事权旁落，此皆文字冗秽以至此极也。"可见他把明朝皇帝大权旁落到太监身上的责任都归诸于章奏报告了，所以他主张"文章贵于简当"。报告内容以公事为主，不必牵涉太多，"道在不扰，与其多一事，不如少一事。"

然而康熙毕竟是一位关心国家政事的君主，也是重视皇权的皇帝。当他发现外省官员报告的与他出巡看到的大有出入时，御史们已经失去作为皇帝耳目作用时以及权臣在侵犯他的皇权时，他感到各种资讯的重要性了，不能老被人蒙在鼓里，于是对于题奏的报告注视了起来，并有了新的改进构想。

他的具体改进办法就是鼓励御史们多写报告，利用他宠信的臣工暗中给他报告，同时又将能给他写报告的官员品级降低，如此一来可以增加报告的人数，也增多报告的来源与内容。清朝大臣向皇帝报告的题奏制度也从此有了改变。

在当时众多大臣的题奏报告中，最值得一提的是秘密小报告。康熙为了要清楚地掌握京中与外省的情况，他利用他宠信的一批大臣到处为他刺探官场与民间的消息，然后让他们秘密地经由太监的机关转送报告，直达皇宫。报告都是装在盒子里并上锁加封送来的，外间官员无法得知内容。这种大臣向皇帝上小报告的事，直到康熙末年从未间断过。现在且举几个例子，说明这方面的情形。

李煦是满洲正白旗人，初任内阁中书，后得康熙信任，到畅春园当总管。康熙三十二年改官出任苏州织造，时或兼任两淮巡盐御史。他在江南任官期间，一直给皇帝上秘密报告，说些地方雨水、粮价的问题，并向皇帝奏呈科场案件、贼匪情形、督抚不和、海盗抢杀事件、朱三太子的逃窜行踪、散帽党徒的妖术叫魂活动等事，内容根本已超出了地方民刑兵马公务或是个人生活的内容，可见奏折有了新意义。

曹寅也是当时给皇帝打小报告的另一位能手。他也是旗人，年轻时曾为康熙皇帝伴读，后来在銮仪卫、内务府等单位做过官。康熙二十九年外放，历任苏州、江宁两地织造，两淮巡盐御史等职。康熙皇帝常对他说：

"以后有闻地方细小之事，必具密折来奏。"或是叮嘱他："倘有疑难之事，可以密奏请旨。"因此他写给皇帝的密奏很多。地方事务也无所不谈，像似南京考场里的作弊案件、退职官员在家乡的活动、建议给两淮盐商职衔以示酬庸、大臣生病请赏赐宫中药品等等，内容也是包罗万象的。还有一位叫王鸿绪的京官，做过工部与户部的尚书，因在南书房里工作，是皇帝的宠信大臣。康熙四十四年，皇帝南巡江浙等省，行前命令他将京中可闻之事，秘密陈奏。王鸿绪遵旨便将当时北方与京城中发生的新鲜事，不断地用小到两三寸的纸条，密密麻麻地夹在一般报告里送到南方，其中有地方官傅作楫被人洗劫盘缠、顺天府乡试士子的恶习、通仓粮米的亏空、官员贩卖女子等等。这些事原先都是康熙皇帝不屑听闻、不屑询问的，现在却变成这类报告的主要内容了。

康熙末年，由于皇太子的被废黜，其他皇子的争夺继承的斗争发生，皇帝更需要了解多方的活动情形，因此密奏制度有加强鼓励的事实。皇帝要大家"各罄所见，开列陈奏"，而且保证"凡有密奏，无或泄漏"。清代上书言事的制度又进入了一个新境界。

从密奏批语看康熙

康熙皇帝鼓励大臣给他写秘密报告，他接到报告后，会在报告上用朱砂红墨写些批语，称为"御批"或是"朱批"。这些批语有助于我们了解康熙的为人以及当时发生的一些事象。现在以康熙本人为主来谈谈批语能反映些什么给我们。

康熙皇帝确是一位简朴的人，他的朱批常是简明扼要的，在很多大臣的报告上，他只批着"览"、"知道了"、"这所奏的是"、"知道了，折子交内阁了"等等。即使有些折子他的批语多写了一些，但也少见超过一百字的，若比起他的儿子雍正皇帝来，真是大有不同。

康熙的批语不多，固然是他重视"文章贵在简当"；但是他也知道言多必失，少说也是会少错的，特别是他以朱夫子的信徒自居，认为道德文章原非二事的，人要言行相符、心口合一才是正人君子。可是他却鼓励大臣给他写秘密的小报告，甚至要去挖掘别人的隐私，这实在不是一件光明磊落的事，也不是一位道学帝王应该做的事，因此他一边为广收消息鼓励密奏，一边内心也感到不安，所以他除了不留下过多的手书证据批语之外，又非常注意与大臣在密奏的交往上的机密不公开。为了尽量设法保密，尽量不使外人知有其事，他总是单线地与一个大臣沟通，并且还以下面的几种方法保密：

一、他要求一切密奏必须提奏人亲自书写，"不可假手于人"。皇帝批语也是自己书写，从不命人代书。在康熙五十四年，皇帝右手病痛，不能写字，他改用左手作批，绝不让别人代理，为的是保密。他也曾对大臣说过："凡提督等密奏之事，皆朕亲手密封发回，朕躬之外，即左右人亦不得见只字，此皆体密奏者之心，而重其事之意。"

二、密奏既是皇帝与大臣之间的一种秘密通信，所以凡是从各处送来的密奏，只要有"拆看改更"迹象的，康熙皇帝一概不予批答。

三、康熙皇帝曾对大臣们说过这样的话："凡批答督抚折子及朱笔上谕，皆朕亲书，并不起稿。"所以"凡奏事者，皆有朕手书证据在彼处，不在朕所也"。这就是说所有秘密奏报以及报告上的朱批都发回到原提奏人那边了，皇帝身边不留底稿，因此一旦有泄密事发生，责任在收藏这些原件的大臣，这也是皇帝警告大臣要保密的一种手段。

四、康熙皇帝为保密，不断提醒大臣在密奏时要"实封呈进"，即必须妥善上锁包装，另加火漆封牢，以免被人拆看。在当年留下的密折中，我们看到不少这样的康熙批语，如"此折该封"、"折子未封不合"以及"折子应实封呈进"等等，在在说明皇帝重视保密。

五、干脆对一些宠信大臣明说不得外泄密奏之事。皇帝曾向李煦说："凡有奏帖，万不可与人知道！"他也对曹寅警告过："凡参折不可令人写，但有风声，关系匪浅，小心小心！"更有趣的是他与王鸿绪之间密奏往还，君臣二人简直如临大敌。康熙皇帝在离京南下时对王鸿绪说："京中有可闻之事，卿密书具奏与请安封内奏闻，不可令人知道。倘有泄漏，甚有关系，小心小心！"王鸿绪则在密奏的最后写些："伏祈即赐御批密发，并望特谕总管面交臣手，以免旁人开看之患。又折子封套之外，用纸加封，只写南书房谨封字样，以隐臣名，合并奏明。"王鸿绪有时还更紧张地写道："此奏折关系臣家身，伏祈圣主密览批发，以绝泄漏。"皇帝也批答他说："甚密，无一人知。"使他安心。总之，康熙是在内外政情特殊的情形下而推行密奏方法的，但又要顾及圣贤君主的形象，才会有上述这些现象的产生。

不过，康熙仍不失为一位称职的皇帝，他的批语可以凸显他是讲体制的人，例如：题奏制度原本就是分别公私性质事务内容的，康熙在这一点上是不容大臣们越乱的。广西巡抚陈元龙在请安折中密陈该省土司之事，皇帝批了："土司一事，封在请安折内不合。"因为这是地方公事。直隶总督赵弘燮以密奏报告水灾情形并请求暂时动用仓库粮食借贷给贫民时，皇帝则批说："就当具题缴是，奏折不合。"还有贵州巡抚黄国材有一次在奏折里向皇帝谈到外省流棍到贵州绑卖乡民子女案发，请求皇帝准他就地将流棍处死，康熙则批示："此系人命之事，须具题缴是。"类似这样的奏折很多，皇帝总是引导大臣遵循制度办事，不能越乱。

另外，康熙皇帝不愧为仁厚著称，在不少大臣奏折的批语中似乎也可以看得出来。他虽是批写的字数不多，但常见劝勉或教诲臣工的，很少有难看的辱骂语句。在他对大臣不满意时，也不常见他在批语中喜怒形于表外的。曹寅有一次报告迟了一点，他只说："凡可奏闻之事，即当先一步缴好。事完之后，闻之何益？"陕西肃州总兵官路振声的奏折写得不好，皇帝批说："此奏折文理不通不合！"另外陕甘总兵官李盛林的报告最初用满洲文写的，皇帝觉得他写得不通，后来他请求准他以汉文书写，康熙不很高兴，在他的奏折上写了："此汉字亦未必尔自能作也！"像这类的批语可能是康熙朱批中比较刻薄的用词了，比起他儿子雍正朱批的恶毒骂人文字来，不知好了许多！

康熙晚年的朱批常见别字、错字，或是漏字，书法也大不如前，这大概与他的多病而健康情形日差有关吧？

清朝入关以后，曾经利用明朝投降的一些将官到中国南方平定反清势力。由于他们战事顺利，不少将领都因有功勋册封为王爵，而且握有重兵，雄霸一方，形成割据之局。康熙亲政以后，这些藩王中尚可喜驻广东、耿精忠镇福建、吴三桂守云南，是为"三藩"。三藩不但各有独立的军队，也享有独立的财政权，尤其是平西王吴三桂权力更大，他甚至还有用人大权，他可以不受吏、兵二部的约束，自行选任文官武将，当时称为"西选"（平西王自选之意）。吴三桂又有野心，他在云贵边区暗中操练兵马，广殖财货，潜积硝石，私通蒙藏，大有俟机而发之势。

靖南王耿精忠在福建也多做不法之事，贪暴横行，又信谶纬之言"天子分身火耳"之说，以为"耿"氏必将当大位，可谓心怀异志，对清廷很不忠诚。

平南王尚可喜年老多病，藩事多由长子尚之信掌理，而尚之信嗜酒嗜杀，又对父亲不孝，想早日承袭王爵，使得他父亲痛苦不堪。康熙十二年（公元1673年），尚可喜在无奈之下，上书康熙皇帝，希望自己回老家辽东终老，留他儿子尚之信在广东镇守。皇帝见到这是难得的机会，认为可

吴三桂铜印

此为三藩之乱次年所铸之印，
文为"分守洮泯道关防"。

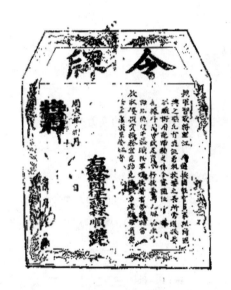

吴三桂部令牌

以借此收回地方大权，于是就说：尚可喜归辽，尚之信仍带官兵居粤，则是父子分离，实有不便，所以下令尚可喜父子可带领全部人马回辽东定居，表面上是皇帝不忍他们父子分离，实际上是康熙想藉此撤掉藩王分据地方的势力。吴三桂与耿精忠听到这消息之后，心里也都疑惧不安，为了试探朝廷的意向，他们也分别向皇帝奏报，"仰恳皇仁，请撤安插"，看看中央政府有什么反应。

三藩一同上书请求"安插"，当然是件大事，也是危险的信号。皇帝与大臣会议商讨时，朝臣虽有主张撤藩的，但也有认为兹事体大，不能冒然从事的。不过正值二十岁英年的康熙早已看出吴三桂等人蓄谋已久，其势已成，撤亦反，不撤亦反，不如先发制人，及早除此大患，所以皇帝特诏："从其所请"，同意三藩离开南方驻地，另由政府安排整编，并派出接收大员分别到云南、广东、福建等地办理接管事宜。

吴三桂因弄巧成拙，骑虎难下，当中央派来的钦差大臣来到时，他阳为恭顺，暗中则做各种准备，除与耿、尚密谋外，又封锁所有要隘，最后他在同年底宣布反清了，自称"天下都招讨兵马大元帅"，声称要"伐暴救民，顺天应人"，为明朝复仇，希望争取汉族同胞与他一齐来反清。

吴三桂公开反清之后，数月之间，云贵川湘桂等省有不少武官响应，第二年在福建的耿精忠也接受吴三桂的号召反清，并在不久之后，又招来台湾的郑经渡海助战，一时东南半壁，成了反清的势力范围，反而只有最初请求安插的尚可喜却在广东按兵不动，守清臣节。

康熙十五年，尚可喜死，尚之信接受吴三桂"招讨大将军"封号反清，加上襄阳总兵杨来嘉、河北总兵蔡禄、陕西提督王辅臣、察哈尔蒙古贵族在北方响应，清代中央一度感到震骇，官员中甚至有人"即遣妻子回原籍"的，所幸皇帝十分镇定，他愿负一切撤藩的责任，除在陕鄂等省置以重兵，阻止吴三桂等北上之外，又调发主力进向江西，西攻长沙，以切断吴、耿的联合阵线。他并将吴三桂留在京城的儿孙处死，拒绝吴三桂的和谈请求，决心与三藩作战到底。反观吴三桂则已暮气沉沉，观望不前，想以长江为界，苟安息兵。而三藩反清主要是因为他们既得利益受损，为了保持私利，不惜发动战争的。他们喊出为明复仇的口号，但始终没有奉明朝正朔，也未奉朱姓后裔为主，因而无法获得复明忠贞人士的支持。三藩之间又矛盾重重，充满尔虞我诈，时而猜忌，时而离心，所以到康熙十五年，耿精忠与王辅臣等人又投降了清朝，第二年，尚之信也不堪负荷吴三桂的军费要求而通款清军，脱离了吴三桂，三藩的势力因而日益衰弱。吴三桂为了集合人心，又于康熙十七年称号自重，建国曰周，改元昭武，不过已经回天乏术了。加上他已六十七岁高龄，"病噎"（食道毛病）时发，身体极不舒适，不久病逝湖南。虽然他的孙子吴世璠继立为帝，改明年为洪化元年，但是整个局面已群龙无首，只是为生存挣扎了。

康熙十九年，清军在四川、广西、贵州等地连战皆捷，世璠乃退守云南，第二年清军在昆明附近与吴军大战，世璠以大象军拒战，仍不敌清军攻势，世璠最后自杀，历时八年的三藩乱事，至此乃告结束。

康熙皇帝能战胜三藩原因可能很多，有一点值得一述的是他在军事行动时还不忘政治攻势。他下令对主动来投降的三藩属下官兵给与优待，甚至封侯授以将军。有时又派出专人"招抚陷贼官员兵丁"，以分化敌人实力。清军出征之前，皇帝必叮嘱他们对人民要"厚加抚恤，严禁侵掠"。"破贼之后，凡所俘难民子女，许民间认领"，"被胁截发"百姓，也不能一概"诛戮"。至于耿、尚这些藩王本身，皇帝则对他们毫不姑息，最初利用他们协助清军攻打吴三桂，以"戴罪立功"，但到大势既定之后，则罪数从头了。尚之信在康熙十九年战事已胜算在握时被处死，耿精忠则在昆明战局结束后被寸磔而死，吴世璠虽自杀但仍函首送往北京，吴三桂则被掘坟折骨，以示处罚。

三藩乱事平定后，清廷结束了南方军阀割据的混乱局面，康熙下令在南方要地设立八旗驻防单位，加强了中央集权。皇帝一面免除云贵闽粤各省的苛税杂捐，与民休息；一面推动多元民族国家政经文化建设，为清朝盛世再奠坚固的基石。

台湾是孤悬在中国东南海疆上的一个岛屿，宋元时代已有国人移民该处。明末有郑成功父亲郑芝龙等人来到岛上经营开发，不过后来郑芝龙任明朝官员，荷兰人进入了宝岛，直到郑成功东征台湾，建立反清复明基地，从此清郑才隔海对抗起来。

郑成功击败荷兰人收复台湾以后，曾经制订过一系列开辟岛屿的计划，可惜他不久病逝，这些开台事业只有留待他的儿子郑经来实现了。

郑经因为生活放逸不检点，在继承他父亲延平王位时曾引起家属与部将的反对，结果发生了内讧，最后在有力武官们的支持下才得到领导地位，继续与清朝抗争。

郑经得位后，最初佯装与清朝议和，以安定内部。清朝发觉郑氏谈和无诚意，乃发动攻势，甚至联络荷兰人，联合攻打台湾的前哨金门、厦门诸岛。由于军力悬殊，郑经乃退守铜山。康熙二年，清军再攻铜山等地，郑军不敌，于是尽弃沿海诸岛，撤回台湾。其后两年之间，清军又攻澎湖，遇风失败，清军水师将领施琅无功而返，双方回到平静的对抗局面。

三藩乱起时，耿精忠向郑经乞援，允许割让漳、泉二州，郑经乃挥兵西征，重新登上大陆，与耿军合攻广东。不过，耿精忠后来食言，郑耿二人于是反目。耿精忠不久再降清，转攻郑经，郑军在大陆的发展更形困难。当吴三桂死后，吴世璠退走云南时，清军以水陆联军猛攻郑经，厦门失守，大陆沿海也无法立足，郑经乃于康熙十九年（公元1680年）返回台湾。

康熙皇帝在三藩乱事后期，曾经说过："滇黔底定，贼寇殄灭，独兹海外鲸鲵，犹梗王化，必须用兵扑灭，扫荡逆风，庶海隅安全，民生乐业。"可见当时康熙已决定以武力解决台湾问题了。

郑经回到台湾之后，心灰意懒，纵情花酒，后来抑郁而终。王位传给长子郑克𡒄，但是臣下有人袭杀了克𡒄，拥立十二岁的克𡒄弟弟克塽，由侍卫冯锡范当权，台湾岛内一时"文武解体，政出多门"。康熙听到消息之后，随即下令对台用兵，并重用郑成功的大仇家施琅为福建水师提督，因为他是"世仇，其心可保，又熟悉海上情形"，大举攻台的战争至此确定。

康熙二十二年六月十四日，施琅在铜山誓师，统领水师三万多人，战船三百多艘，于第二天扬帆出海，直驶澎湖，先克花屿、猫屿、草屿，再乘风进泊八罩。郑克塽命大将刘国轩守澎湖，他的兵力不及清军，士气也不振，尤其刘国轩始终坚持防守，幻想海上能发生台风，吹散清军，这种不切实际的战略终致失败，刘国轩也退回到了台湾。

澎湖失守后，台湾各港警戒，但驻守基隆的北路将领何佑等却秘密地向清军通谋纳款，而在台南的郑克塽与臣下会商时，有人建议：南走吕宋，刘国轩则坚决主张投降清朝。刘国轩兵权在握，郑克塽、冯锡范、刘国轩等都剃发迎降，向施琅缴出"延平王"大印，正式结束了三十多年的清郑抗争，也结束了南明反清的最后一点象征，这一天是康熙二十二年十月八日。

郑克塽等投降后，被清朝封为公爵，冯锡范与刘国轩封为伯，都归隶于上三旗，以示优待，刘国轩还被任命为天津总兵官，更显见对他的军事能力器重了。

台湾平定后，有人主张放弃此岛，甚至任荷兰人再去占据。施琅认为不可，他向康熙上书，说明台湾是关乎东南沿海要害之地，如不治理而放弃，不但不利于国家的安定，更会引起外国人的侵略野心，而且台湾已经"备见沃野土膏，物产利溥，耕桑并耦，渔盐滋生，满山皆属茂树，遍地俱植修竹、硫磺、山藤、蔗糖、鹿皮以及一切日用之需，无所不有"，当时的台湾一片富庶景象。康熙皇帝同意了施琅的看法，将台湾纳入中国内地行政管辖权内，属福建省管理，置台湾府，下设诸罗、台湾、凤山三县，澎湖一厅。台湾的内附，使清朝实现了全国统一，海峡两岸的经济文教关系也得到了进一步的交流发展。

此外，在清初台海两岸的对抗斗争中，我们可以清楚地看出主要原因为大家的政治理念与目的不同。郑成功祖孙三代为了忠于明朝，忠于中华文化，不愿以夷变夏，坚决不肯剃发，依从满洲习俗。郑家以及他们的追随者的孤忠正气是值得肯定赞扬的。清朝方面为了辨别顺逆，一定要郑氏及其属下剃发归顺，才给他们赐地赐爵，双方在观念上得不到交接点，所以几番和议都不能成功。康熙皇帝后来看清这事实，知道非以武力不能解决，于是他下定决心，不妥协地以消灭郑氏为目标。他重用有信心征台的人员，而且任用不疑，寄以厚望，付予全权；他的表现是杰出的，他的思想可以说是引导征台成功的动力与保证，他的行事则直接影响征台之役的胜利成功，功劳是不可磨灭的。

二十七
康熙击退帝俄东侵

　　康熙皇帝在平定三藩、收复台湾之后，便全力驱逐帝俄东来的侵略势力了。

　　早在明朝末年，帝俄为在东方寻找出海口岸，不断地经由西伯利亚向我国东北边地侵略。崇祯十六年（公元1643年）到顺治三年（公元1646年）的一段期间，帝俄势力竟从黑龙江中游的支流精奇里江流域，一直窜扰到了黑龙江口、乌第河流域，偷偷地建筑堡砦，扣押欺凌东北边胞，抢掠貂皮特产，无法无天地放火杀人。顺治七年，他们更从黑龙江上游的石勒喀河，往返烧杀到精奇里江口、松花江口和下游的费雅喀一带地区，当地居民受到严重灾难。

　　清朝政府为了抵御帝俄侵略，保护边疆同胞，在顺治九年（公元1652年）到康熙六年（公元1667年）之间，至少与帝俄势力发生过七次较大的武装冲突，甚至还邀请了朝鲜军队协助参战，尽管这些战斗确曾给帝俄很大的打击，也阻止了他们进一步南下侵扰，可是却未能完全清除帝俄的盘据势力，不过康熙皇帝一直不忘帝俄侵扰边疆的事实，正如他自己所说的："朕亲政之后，即留意于此，细访其土地形胜，道路远近及人物性情。"以作为处理帝俄问题的参考依据。

康熙二十一年，三藩动乱已经平息，他趁着去沈阳谒陵，特别还去了吉林，检阅水师，并召见宁古塔将军等高级武官，了解边疆情况。后来皇帝又派副都统郎谈、公爵彭春等率兵以捕鹿为名，到雅克萨一带进行实地侦察，并令他们暗中建筑城堡，开垦屯田，储蓄粮食，设立驿站，作为动武前的各项准备工作。

康熙二十四年，清军在皇帝的策划下，由郎谈、彭春等将官领军，开到雅克萨城附近，派人进城招降，俄军不从，清军乃于六月二十四日夜发动攻击，由满洲、蒙古与福建去的藤牌兵，分水陆两路，大举进攻，俄军无力抵抗，最后出城投降。清军轻信俄人誓言，不但放走俄军俘虏，同时也没有留兵防守雅克萨城。不料不久后俄军又卷土重来，再据雅克萨城，并大兴防御工事，作长期固守的打算了。清廷无奈只好在第二年再组织大军，进攻雅克萨。这次清军采用长期包围战略，使得城中弹尽粮绝。帝俄政府于是派出信使向清廷乞求议和，因此在同年底清军解围，等候双方进行谈判。康熙二十七年，双方约定在色楞河附近的楚库柏兴（色楞格斯克）会议，康熙在使团临行前特别对领队的索额图说："朕以为尼布潮（楚）、雅克萨、黑龙江上下通此江之一河一溪，皆我所属之地，不可少弃之于鄂罗斯。"使团一行于五月三十日出发，途经克鲁伦河时，俄人唆使准噶尔蒙古的噶尔丹兴兵攻击喀尔喀蒙古，造成道路中阻，清朝使团奉命折返，于是和谈易地到尼布楚举行。噶尔丹的这次军事行动，对中俄谈判的影响很大。

康熙二十八年七月底，清朝使团依约到达了尼布楚，不过皇帝为了防止帝俄与准噶尔蒙古联合抗清，决定在谈判时稍作让步，指示索额图说："彼若恳求尼布潮，可即以额尔古纳河为界。"放弃了额尔古纳河以西的部分领土。帝俄代表在会议时仍作无理纠缠，索额图最后以武力相对抗，这才在九月七日签订了中俄间第一个平等条约——《尼布楚条约》。

根据条约，外兴安岭以南、格尔毕齐河和额尔古纳河以东至海的整个黑龙江流域、乌苏里江流域土地，归中国所有。外兴安岭与乌第河之间地区，俟日后详细查明再行划定。此外雅克萨地方俄人所建城堡须尽行拆毁；以后双方不得收纳对方逃亡人口，拿获后即遣返；两国进行贸易互市；两国永敦邦谊等等。这份尼布楚条约虽然在领土划定方面不尽理想，但是保证了中俄东段边界一百六十多年的和平，也加强了清代对黑龙江地区的管辖，初步奠定日后行省的规模。

　　清朝入关之时，北疆蒙古仍有很多部落存在，如漠南蒙古多与清朝建立亲善关系；漠北喀尔喀蒙古也与清朝有良好的交往；只有在喀尔喀部西边的厄鲁特蒙古，他们是独立的，当时分为四大部分：一是土尔扈特蒙古，位近俄国南部；一是杜尔布特蒙古，他们放牧在故居阿尔泰山一带；一是和硕特蒙古，清初他们已经入据青海；另一部是准噶尔蒙古，他们住在天山北路准噶尔盆地，是厄鲁特蒙古四部中最强的。康熙初年，他们部落中发生内斗，在西藏当喇嘛的该部首领噶尔丹回乡平息纷争，取得了统治权。噶尔丹野心很大，自他统领部族之后，即不断向外扩张，不但统一了天山北部的准部，后来更征服了若干天山南路的回部，威名甚至达于青海与西藏一带地区。康熙二十七年（公元1688年），噶尔丹率领了三万劲旅，越杭爱山，突袭东邻喀尔喀蒙古，喀尔喀部土谢图汗不敌，部众多被俘杀或逃散，宗教领袖哲布尊丹巴的居帐也被洗劫一空，损失非常严重。土谢图汗乃向清廷告急求援，康熙闻讯，大为震怒，于是遣使责问噶尔丹，噶尔丹礼遇清使，但将战争责任全推到土谢图汗身上，调停没有结果。噶尔丹这次发动东侵喀尔喀的战争也是受到帝俄暗中趋使的，清廷原本要与俄国在外蒙谈判雅克萨战后签约问题；但因此次战争而使得道路受阻，无法谈判，以致改在尼布楚会商，让清廷改变态度，损失不少领土。

康熙二十九年六月，噶尔丹又引兵两万多人，以追捕喀尔喀人为名，再兴战争。康熙了解噶尔丹无意和解，乃决定亲征。康熙后来因在征途病倒，先行回京，不过清军终于在乌兰布通（今热河赤峰县西）一役大败噶尔丹。康熙三十一年，皇帝知道噶尔丹不会善罢甘休，便下令建火器营，以火炮威力，备噶尔丹再度东侵。不出康熙所料，噶尔丹在康熙三十四年发动侵略，并直指清朝。第二年康熙皇帝又下诏亲征，分兵三路，先设粮台，改车为驼以利沙漠行军，主动出击，切断噶尔丹归路。噶尔丹原以为俄国与西藏都会派兵来援，结果都未能如愿，因而在昭莫多（今外蒙库伦南境）一战被清军击败，据说清朝"斩数千级，降三千人，获驼马牛羊帐械无数"。噶尔丹西奔逃窜。第二年康熙再征噶尔丹，逼得在众叛亲离下的噶尔丹死于逃亡途中。从此喀尔喀蒙古重返牧地居住，清代西北边疆也得到了二十年的和平。

对于噶尔丹事件的处理，康熙皇帝一直是主动并主战的。即使有可能与俄军交锋，他也毫无惧畏。他的果敢行动激发了大军奋勇作战的精神。康熙在与噶尔丹的历次军事行动之前，他总是先作各项准备评估，又有周详的布署。不论是武器、兵力、粮饷，或是情报等等，他样样都亲自筹划，做到知己知彼而且有必胜把握后才出兵。在战争期间，他除了以强大兵威对付噶尔丹以外，又运用外交、经济、政治等手段，使得俄国不得介入战争，蒙古诸部对噶尔丹离心分散，使得这位外蒙领袖陷于孤立；最后在缺兵缺粮的情况之下，山穷水尽地走入绝境。康熙能致胜的原因确实很多，例如他在亲征战役中，充分表现了他是一位具备军事知识与作战经验的人，而在他悉心筹划出的各种战略也证明了他是一位有智慧的君主。至于他不避辛苦，不怕危险，深入不毛荒漠，不惧帝俄威胁，则更表现出了他的胆识过人。由于他有如此的经验、智慧与胆识，不但成就了战争的胜利，也奠定了国家统一的基础，实现了民族融合成功的希望，也为多元民族国家创造了发展经济与文化的有利条件。

西藏旧称吐蕃，自从元朝的蒙古贵族们崇奉喇嘛教之后，赋予喇嘛对吐蕃的统治权，喇嘛乃成为政教合一的主宰人物。最早喇嘛教士穿红色衣冠，所以也称为红教。明朝初年喇嘛宗喀巴为了改革而另创穿黄色衣冠的黄教。当时黄红两教各以前后藏为基地。红教为了恢复地位，在宗喀巴死后，他们便联络喀尔喀蒙古到青海一带扫除黄教势力。黄教为了生存，则向天山北路的厄鲁特蒙古寻求支持，和硕特部的顾实汗便赶往青海，与支持红教的喀尔喀蒙古却图汗大战，结果顾实汗胜利，并乘胜进入西藏，杀死在西藏执政的藏巴汗，黄教势力因而大兴，这时正是清朝将要入关成为中国新统治者的前夕。

当时，五世达赖喇嘛号称西藏的法王，他任命第巴的官员兼摄政务，并把首府迁到拉萨，又大修布达拉宫，作为驻地。五世达赖不但派专使与清太宗皇太极联络过，他自己更不辞辛劳地到过北京与顺治皇帝晤面，达成了成功的外交。清廷不但非常礼遇接待他，而且赠予他以黄金铸成、刻有满汉藏三种文字封号大印，印文为"西天大善自在佛所领天下释教普通瓦赤喇怛喇达赖喇嘛"，给了他国师的地位。同时又赐金印给顾实汗，鼓励他继续"益矢忠诚，广宣声教"，这当然是因为他能控制达赖与班禅两大活佛的缘故。

康熙初年，青海蒙古因放牧事与清军发生过冲突。三藩动乱期间，吴三桂曾派人极力联络达赖喇嘛与顾实汗，青海诸蒙古有人也乘机起而支持吴三桂的，甚至在康熙十四年还进攻过甘肃的清军。

康熙皇帝对青海、西藏方面与吴三桂的交往非常重视，曾经通令达赖喇嘛等要"约束部落，毋为边患"，并希望他们出兵协助清朝进攻云南、四川。达赖喇嘛只表面应付，没有任何行动，相反他还为吴三桂请求"若吴三桂力穷，乞免其死罪。万一鸱张，莫若裂土罢兵"。康熙为顾全大局，仍以茶马互市曲意笼络。康熙二十年，清军攻下昆明，毁灭了吴氏政权，皇帝也下令达赖喇嘛归还在三藩兵乱期间擅自割划的土地，以表示对西藏援吴的不满。

噶尔丹的崛起也使得清廷与西藏的关系起了变化。康熙十八年，五世达赖喇嘛任命桑结嘉措为第巴，桑结是个有权力欲的野心家，他不满和硕特部对西藏的监督控制，又反对与清朝建立密切关系，他与噶尔丹暗中勾结，策划赶走和硕特部的势力。康熙二十一年，五世达赖圆寂，他秘不发丧，"伪言达赖入定，居高阁不见人，凡事传达赖之命以行之"，他几乎成了真正西藏的政教领袖。一直到康熙三十五年，皇帝亲征噶尔丹时，才从俘掳的蒙古人口中，知道达赖死亡的事，清廷立即下令严斥，桑结只好请罪，并私自宣布六世达赖喇嘛坐床。但他仍想加快驱逐和硕特部在西藏的势力。康熙四十四年，噶尔丹早被康熙消灭，拉藏汗便发动青海蒙古的骑兵执杀了桑结嘉措，并将六世达赖派人送往北京，以彻底清除桑结的影响力。康熙四十六年，拉藏汗又与新任命的第巴素隆，选立了一名喇嘛为六世达赖，可是这位新选出的六世达赖却不能被西藏多数僧侣以及青海诸蒙古承认，并指为假达赖，而认为西康理塘人噶桑嘉措才是真达赖，因而又引起真假达赖之争。

拉藏汗执杀桑结嘉措之后，有些桑结的余党逃到了伊犁，鼓动准噶尔蒙古的首领策妄阿拉布坦进取西藏，策妄阿拉布坦也正想控制黄教，扩大他在蒙古各部的影响力，于是一面暗中做侵藏准备，一面与拉藏汗结为儿女亲家，以减少拉藏汗的疑虑。

康熙五十六年（公元1717年），以护送拉藏汗子妇回藏的名义，策妄阿拉布坦派出六千劲旅，绕道荒凉地区向西藏进发，以免清廷注意。经过长途跋涉，准噶尔大军终于攻陷了拉萨，杀害了拉藏汗，控制了西藏。准噶尔军原想乘胜打到青海，抢劫理塘人噶桑嘉措，进一步控制黄教；但被清军及时发现，并予击溃，使策妄阿拉布坦的计划未能实现。

准噶尔大军在西藏大行屠杀，抢劫财物，非黄教寺院被毁坏的有五百多所。清廷听到消息以后，康熙皇帝于五十七年六月派侍卫色楞统率大军，入藏征剿准噶尔部。色楞有勇无谋，轻敌冒进，不知敌情，不适藏地气候，结果招致全军覆没的败绩。清军惨败消息传到北京，满朝惊震，康熙不顾中外反对，毅然派出第二次远征大军，并且任命他的爱子胤祯（后改名胤禵）为抚远大将军，统率三路兵马，动员号称三十六万之众，希望一举解决西藏问题。准噶尔兵由于阵亡、病故以及返乡的人数已多，所以清军再度来征时他们根本无法抵抗，加上藏人对准部残虐的反感，因而欢迎清军到来，"男女老幼，襁负来迎，见我大兵，群拥环绕，鼓奏各种乐器"，清军不久便平定西藏的动乱，并护送大家承认的真达赖入藏坐床，也解决了化身转世达赖承袭的问题。

西藏问题实际上牵涉到新疆、青海以及蒙藏、黄教红教等的复杂问题。康熙皇帝在消灭噶尔丹之后，使清朝在巩固与扩大边疆统治方面创造了有利的条件。特别是喀尔喀蒙古在清朝封爵制度下，一时内属的人口二十二万多人。康熙末年皇帝两度派兵讨准保藏，更对西藏取得了进一步管理权，日后清廷在西藏设置驻藏大臣、督理政务，以"金瓶掣签"制度认定继任达赖喇嘛的灵童、《钦定藏内善后章程》的颁布等等大事，都可以说是在康熙所建立的友好关系基础上逐步完成的，没有康熙对青海、西藏地区的这些努力耕耘，雍正以后的那些西藏管理成果是无法获得的，所以清代中央对西藏统治权的确定与加强，康熙皇帝确实做出了不少的贡献。

二十九　康熙对西藏的经营

105

三十
康熙主张“国惟一主”

　　从古以来，中国的君主就有着唯我独尊、睥睨一切的独大观念，总是认为“普天之下，莫非王土；率海之滨，莫非王臣”，并相信“天无二日，民无二王”的。清朝入关之后，由于继承了很多传统汉人的制度与观念，而顺治、康熙这两代皇帝都深受中国儒家文化的熏陶，这种不平等的、宗主的观念也深植在他们的心中，“国惟一主”对他们而言，是天经地义的事。

　　康熙即位之初，由于年轻无法处理政务，国家大事由四个辅政大臣协理，加上他的祖母孝庄皇太后也过问政事，康熙早年确是一个不折不扣的傀儡皇帝。而且辅政大臣中又有专权跋扈的人，常常侵犯皇权，使康熙皇帝深感大权旁落的不满与痛苦。

　　等到康熙亲政以后，即以清除权臣势力为首要任务，以伸张自己的皇权，所以无论是用人或是行政，在御门听政或是在南书房议政时，他都是表现“大小事务，一人亲理”的，大臣们只是“皆受成事”而已。

　　康熙十二年冬天，吴三桂因撤藩事反清之后，不到半年，东南几省纷纷响应，使得清朝中央大为震骇，京中有些官员失去信心，竟“未知所归"，或是"即遣妻子回原籍"的。后来耿精忠等也加入反清行列，郑经又西征大陆，形势变得更危急，可是康熙皇帝却镇定地指挥各路大军，与三藩叛军作战。当吴三桂带兵打到湖南常德、澧州之后，曾请西藏达赖喇嘛致书给康熙皇帝，要求"裂土罢兵"，划长江为界，与清朝分治中国。皇帝对喇嘛的请求，给予快速的批驳以及坚决用兵的回应。经过八年苦战，平息了三藩战乱，得到最后的胜利，国家没有分裂，在"国惟一主"的情形下，进入了有秩序、有纪律的常规况态。

三藩战乱平定之后，只有在台湾的郑氏抗清了。郑氏祖孙三代都是因为与清朝政府的政治理念与目的不同才反清的。他们除了与清朝不断作战外，也举行过和谈，只是和谈始终没有成功。清政府一直希望郑家在清朝的统一政府下做官，甚至给他们土地、封爵以及一些其他的特权。郑氏则要比照朝鲜或安南一样，不剃发、不听调遣命令，而有自主的地位。清政府认为郑氏是福建的中国人，不能与朝鲜外国人相比，不能同意，最后以武力解决问题。康熙皇帝坚决主张用兵，征讨台湾，因为郑氏"犹梗王化"，他们不承认"民无二王"，而自己想在海外称王。

康熙时代，西洋传教士来华的人很多，皇帝最初对他们的态度也很好。尽管皇帝不信他们的宗教，但并没有限制他们传教。尤其皇帝喜爱他们的科学知识，所以任命西洋传教士做钦天监的官员，掌理天文历法等事务。他自己又向传教士学习数学、理化、天文、医学、语文、音乐等学问。一度极为信任西医为他看病，并在宫廷中设厂制药。又鼓励传教士翻译西书为满汉文，做了不少中西文化交流的工作。康熙对西洋传教士如此待遇，主要是当时的传教士们允许中国教徒祭天祭祖祭孔，而且又遵行清朝法律，皇帝认为他们为中国百姓祈福求平安，与佛道两教无异，当然应该一视同仁，允许"将各处天主堂俱照旧存留，且进香供奉之人仍许照常行走，不必禁止"。可是到了康熙四十六年以后，皇帝态度改变了，对一些传教士产生了恶感，最后竟下令禁教。这其中的原因，主要的是天主教传教士发生了内讧，有人向罗马教廷报告在中国的传教人准许中国信徒敬拜偶像、祭祖祭孔，这是违反天主教规教义的。教皇乃下令叫在中国传教的此后不准拜偶像，否则逐出教会，并让教堂里悬挂的康熙御书"敬天"二字匾额也必须拆下。派来的专使不听皇帝的劝告，态度与言论都蔑视中国的皇权与法律。康熙认为西洋教士既已干涉中国内政，破坏中国敬天祭祖的国本，又以皇教之权高于一切，康熙皇帝根本不能"国惟一主"了，当然必得把教廷的专使逐出国境，西洋天主教也不能准许传布了。

不但外国人不能对康熙"国惟一主"的主张挑战，就是他自己的儿孙也不能不承认他是唯一的国主，这事在他晚年废立储君的事件上可以很清楚地看出来。

康熙十四年，皇帝按照汉人古礼，立了嫡长子为储君，作为他的继承人。可是到了康熙四十七年，皇帝突然宣布废了这位继承人皇太子胤礽，因为胤礽"不遵祖训"、"暴戾淫乱"、"专擅威权、鸠聚党与、窥伺朕躬起居行动"。同时胤礽又与大臣结党，"潜谋大事"，使得康熙帝"未卜今日被鸩，明日遇害"，显然皇权受到威胁了。后来他因种种原因又恢复了胤礽的皇太子地位，但不久又废黜了他。理由还是一样，胤礽"行事乖戾"，"断非能改"，而且"与恶劣小人结党"，皇帝恐惧发生"不测之事"。康熙晚年，经过大臣的几次请求再立储君，皇帝曾有立一新人的念头，而且还告诉大臣，他决定不以嫡长为限，以"择贤"为重要条件，不过他特别强调建立皇位继承人是皇帝的大权，是任何贵族大臣都不能过问的，因为"天下大权，当归于一"。可惜后来由于皇太后病逝，厄鲁特蒙古侵入西藏等大事发生，没有公开指定皇储，以致日后宫廷斗争、骨肉相残，造成家族的惨祸。

康熙年间，皇帝坚持"国惟一主"的信念，虽然高度集中了君权，对国家秩序与统一有些贡献；但再能干的皇帝毕竟也不是神，他以个人意志对各事作随意性的判断、施以专制淫威，有时也未必是正确的，或是成功的。

三十一

乾纲独揽的康熙皇帝

桐城派的学者方苞，曾经在南书房里服务过一段时期，他与康熙皇帝在一起讨论学问，判析时事，对皇帝的思想与行事作风都知道很多。他说："上（指康熙皇帝）临御天下已五十年，英明果断，自内阁九卿台谏，皆受成事，未敢特建一言。"这是说明康熙是个专权的君主，一切大事的决定，属下大臣们都"未敢特建一言"的。方苞的这番话可信度很高，现在且举几件重大事件，作为印证。

康熙亲政后不久，吴三桂等三藩的事件就发生了。三藩是三个明朝投降满清的降将，他们在入关以及平定南明反清势力的很多战争中都立过大功，清廷便册封他们为藩王以酬庸他们。到康熙即位后，他们分别在中国西南、东南各省，各自割据，各有重兵，对清廷形成威胁。康熙十二年，平南王尚可喜、平西王吴三桂、靖南王耿精忠先后上书请中央给他们安插，因为他们的势力都很大，稍有不慎，作出错误的决策，他们便会起来反叛中央的。康熙为慎重处理此事，曾召集御前会议，商讨对策。当时大臣中分成"撤藩"与"不撤藩"两派，都有理由，互不相让。主张"不撤藩"的人以为如果将吴三桂等撤调到别的地方，必将使"沿途地方，民驿

三十一　乾纲独揽的康熙皇帝

受苦"，而藩王属下部队，也可能"骚扰地方"，甚至酿成变乱。康熙后来不待大臣们深入讨论，他便决定撤藩，因为他已看出吴三桂等藩王"若不即早除之，使其养痈成患，何以善后"，这批大军阀的恶势力已成形，"撤亦反，不撤亦反，不若先发制之"。吴三桂等后来果然反清了，康熙则不妥协也不后悔地对付他，前后打了八年的仗，终于平定了三藩乱事，消灭了地方被军阀割据的局面。

解决台湾明郑抗清的问题也是一样，康熙先是采取了剿抚兼施策略，等到三藩的势力被消灭之后，他一心一意要攻打台湾了。尽管福建的地方官有人"请缓师"，有人认为海上波涛难测，风险很大，没有制胜把握；可是皇帝排除众议，任命施琅专征，即使后来郑克塽愿意削发归降，康熙也不理他，坚持他的主张，凡"犹梗王化必须用兵扑灭"。他的乾纲独断，实际上成了征剿台湾的主要动力，也成为当时统一中国工作的动力。

另外，外蒙首领噶尔丹领兵东侵时，康熙曾率兵亲自出征，在第一次战役中，清军在乌兰布通境地，皇帝曾经召集大臣讨论进兵之事，据说当时"众皆谓不可，独朕与费扬古以兵为可进。及至科图地方，众皆不欲前发，大臣等劝朕撤兵，朕谕以祭告天地、太庙、社稷，亲统兵前来，不见贼踪，如何骤行撤去，不允所请，将兵前进。噶尔丹闻我兵威，甚是惊惧，鼠窜而去"。这是康熙事后回忆的一段话，但也足以说明他在这一战役中乾纲独断的事实了。

最能说明康熙军权独揽，也是可以证实他的这方面作风始终如一的，是他在晚年对西藏的用兵。康熙五十六年，外蒙厄鲁特部的势力又强大起来了，他们袭取了西藏。攻占了拉萨，杀死了拉藏汗。康熙皇帝为了稳定青海，控制西藏，决定派兵去征讨厄鲁特部。第一次因不了解当时的很多情况，清兵统帅轻敌冒进，遭到惨败。第二次再发出大军，才打败入侵西藏的外蒙兵。在这两次出兵之前，都有不少大臣反对，请求不必用兵，因为皇帝应该"重内治，轻远略"。皇帝不听，结果招来大败绩。可是康熙仍主张继续动员大军，入藏安定局势，因为皇帝知道，"此时不进兵安藏，贼寇无所忌惮，或煽惑沿边诸番，部将作何处置耶"，不久外蒙厄鲁特被清军打败了，清廷对西藏的管理权因而进一步被取得，日后驻藏大臣的设置以及"金瓶掣签"等制度的建立，都是从康熙这次用兵胜利的基础上发展出来的。

除了用兵的大战役之外，皇帝在用人方面也是大权操在自己手中的，我们从他当时的《康熙起居注》等资料中，可以很清楚地看出，文武官员的任命、遭调、升补等等，表面上他会询问大学士们的意见，但最后决定权都是由他下达的，大臣们只以"圣谕诚然"、"诚如圣谕"或是"皇上睿见极当"等等的话来回应与迎合皇帝的决定，没有见到大臣反对皇帝决策的。另外康熙又规定任职外省的高官要适时地进京觐见述职；奉旨出外办公的官员要先"请旨"，后"复命"；还有新上任的官员也要觐见请旨等等。这些也是加强皇帝管理权力的，防范臣工们专横的，让臣子们知道"朝廷法度，不敢妄萌邪念"。

康熙为了独揽大权，又找了一些他信任的大臣，在他特别成立的一个新机构——南书房——里服务。尽管表面上看南书房是个单纯的读书与论学的场所，但事实上是皇帝与少数核心大臣参与机密的地方，而一切大权又在皇帝的掌控之中。

皇帝为了了解并收集官员与民间的消息，他又运用了一种秘密上奏的制度，命令一些他信得过的大臣，在京中或地方给他报告各种消息，以增广他对国家内外事务的了解。皇帝既能更快并更多地取得各方讯息，当然就可以强化他独揽政权。

总之，康熙皇帝是位既聪明而又能干的君主，他用很多方法来帮助自己独揽大权，而他专权所作的一些决策多半又是成功的，这也就是后世人没有批判他是暴君独夫的主要原因。

乾纲独揽的康熙皇帝

三十二

康熙为何建储又废储？

在帝制中国时代，一个皇帝在位时，都会预先立好继承人，这个未来的皇帝叫做"储君"。有了储君，别人也就无法觊觎皇位了，所以大家一直认为储君是邦国的根本，建储是每个朝代的大事之一。满洲人的祖先与草原游牧民族的渊源较深，与农业民族的汉人在文化习俗上有若干的不同，预立储君就是他们旧有生活方式里没有的，所以在清太祖努尔哈齐建立后金政权后，还是采用由有权的贵族公推自己的首领。入关后，满族中央领导人显然受到一点汉人文化影响，顺治皇帝在临死前想伸张自己的皇权，径行以他的从兄弟为继承人，不遵祖先的制度由宗亲重臣们公推。不过，他的愿望没有达成，最后还是由他的母亲与一批有权势的亲王大臣决定康熙继承大位，可见当时顺治皇帝有心对继承皇位的制度作一改革，但守旧的力量仍然很大，也可以说最后还是旗权（八旗贵族的权）战胜了皇权。

康熙皇帝八岁继承皇位，因为年纪太小，所以由四位大臣辅政，帮他处理政务。辅政大臣中鳌拜又特别专横跋扈，加上皇帝的祖母也有实力，连辅政大臣们"裁决庶务"也要"入白太后"，因此康熙在即位之初，根本只是一个有名无实的皇帝。随着年龄的增长，康熙在十四岁时按规定亲政了，后来他又陆续地清除了鳌拜等辅政大臣的恶势力，从此他一心一意地要集权中央、提高皇权，做个真正有实权的皇帝。他在康熙十四年底预立储君，也是他伸张皇权的一种表示。

　　康熙不但当皇帝时年轻，他当父亲时年纪也不大。他的第一个儿子是在康熙六年诞生的，但不是嫡妻所生。在他众多的儿子当中，嫡而居长的是诚孝仁皇后赫舍里氏所生的一男，初名保成，后来改名为胤礽。胤礽生于康熙十三年（公元1674年）五月初三日，其母仁皇后因难产于同一天逝世，康熙非常悲伤，曾为此事"辍朝五日"，这是他即位以来的第一次。第二年十二月十三日，康熙皇帝以祖母太皇太后之命，册立胤礽为皇太子，典礼非常隆重，除派遣官员祭天地、太庙、社稷之外，皇帝还特别颁诏天下，说些"自古帝王继天立极，抚御寰区，必建立元储，懋隆国本，以绵宗社无疆之休"以及"授胤礽以册宝，立为皇太子，正位东宫，以重万年之统，以系四海之心"的话。事实上，康熙皇帝的立储是削弱旗权的一种手段，同时在他建储的当时，正值吴三桂等三藩起兵抗清、天下大乱、清廷统治地位受到空前震撼之时，康熙在此时建储多少有着安定人心的作用，而且也向汉人表示他在认同中国传统的文化制度，因为他立嫡立长，一切祭告仪注都按汉人古礼行事，所以他是有政治与文化双重目的的。

　　康熙皇帝立了皇太子以后，也确实想把胤礽培养成一个理想的接班人，因而对这位储君的生活与教育都非常关注。胤礽在髫龄时即就读中国古书，早期甚至还由皇帝每天亲自教他四书五经，另外又命令朝中的儒臣张英、熊赐履、汤斌、耿介等人先后担任老师，悉心教导。每日还有满蒙文字以及骑射的课程，希望把胤礽训练成一个允文允武的未来天子。不仅如此，康熙有时出巡时也带着胤礽同行，为的是增广他的见闻。还有在康熙三十五、六年间，皇帝带兵亲征外蒙古厄鲁特时，留胤礽在北京理政，藉以训练他处理大事的能力。康熙对这位储君的用心堪称良苦。

可是到了康熙四十七年，皇帝突然向大家宣布说胤礽"不法祖德，不遵朕谕"，"肆恶虐众，暴戾淫乱"，决定废储，即取消胤礽的继承人地位。一时朝野惊震，康熙其他有野心的儿子当然就乘机活动起来，互相结党，从事争继的斗争。康熙看到情形可怕，于是在第二年三月，即宣布废储后约半年的时间，又降旨说胤礽的"语言颠倒，竟类狂易之疾"，"已渐痊可"，因而又复立他为皇太子，恢复了他继承人的身份。可是胤礽不知道改善他与父亲以及兄弟们的关系，相反地，彼此间的斗争愈演愈烈，终于在康熙五十一年十月间，皇帝忍无可忍地再一次宣布废储，说胤礽"乖戾如故，卒无悔意"，而且"狂疾益增，暴戾僭越，迷惑转甚"。皇帝并下命将胤礽加以禁锢，自此不再谈建储的事。康熙朝储君立而废、废而复立、复立而又复废的事，在中国历史上是罕见的，英明的康熙皇帝为什么会做出这样的事呢？以下的几点原因也许可以作为参考：

一、政治斗争的结果：

康熙一朝有不少大臣结帮互相倾轧，特别是以索额图与明珠为首的两大党派之争，延续了很多年。索额图是胤礽的外叔公，与胤礽关系极为亲密，势力也很强大。明珠则结合了一些满汉重臣，以阴险手段，陷害异己。明珠一派为长久着想，非打倒皇太子不可！否则胤礽一朝即位，他们必死无疑。因此他们锁定皇太子为目标，全力打击。最后令皇帝感到索额图等人有"谋逆"情事，皇太子既卷入了这场政治斗争，当然也就不能保全其地位，废储成了必然的事。

二、满族文化的反动：

康熙皇帝立胤礽为储君完全是实行汉人的古制，是汉化的一种表现，在当时未必能为众多满洲亲贵所能接受，反对他汉化的必有人在。他在康熙四十七年初废胤礽时，在告天的祭文中提到"臣虽有众子，远不及臣"，可见他已经不再以嫡长为唯一条件了。到他晚年，他更向大臣们公开说以后如果要再立储君，一定不限嫡长，而是择贤而立，几乎又回归到游牧民族选首领的老旧方式；可见满族文化的反动是一项因素。

三、胤礽本身的缺陷：

康熙皇帝废黜皇太子胤礽时说他"不遵教诲"、"暴戾淫乱"、"赋性奢侈"、"绝无友爱之意"等等，应该都是实情。胤礽虽然在众多名师教导下，学问精进，能诗能文，书法亦佳，表面上看他算得上是个精勤博雅的儒者；但是从他对待师长与兄弟们的态度上看，他绝无温良恭谦的品格。诚如康熙说的："若以此不孝不仁之人为君，其如祖业何？"当然胤礽这些个性上的缺失，与康熙多年来纵之太过有关。

四、康熙个人汉化的态度：

清朝自入关以来，康熙一朝汉化的事实最多又最显著，在政治、社会、文化等等方面都仿行了不少汉人的典章制度，立储就是其一。不过，康熙皇帝的汉化态度是值得我们注意的。他虽然恢复明朝的内阁、翰林院这些机关衙门，但是他仍以内务府代替太监的十三衙门，因为他怕明朝宦官专政的事重现于清代。他亲政后不久即设置起居注馆，为皇帝记录日常大事，原本是想为皇帝留下一些"为万世法则"文字的；但是当康熙发现起居注官泄露宫中机密时，他就将这个衙门裁撤掉了。所以他并非盲目地汉化，而是选择有利有益于国家的才汉化。立储也是一样，当他发现储君对皇权侵犯、对国家有害时，他当然就废储了。

康熙皇帝在位六十一年，是中国历史上少见享国如此之久的皇帝，他到晚年也真是子孙满堂了，本可算是一位福寿双全的好命天子。不过，晚年的废储事件以及随之而起的皇子争继，引起了皇家兄弟骨肉相残，使他痛苦万分，成为他生命中美中不足的大憾事。

三十二

康熙为何建储又废储？

三十三

康熙的开海与禁海政策

中国自唐宋以后，由于海外贸易的扩大，出洋的人民也逐渐增多，尤其到明朝末年，禁海政策废弛，海外贸易的人更是增加。清朝定鼎北京后不久，为了消除东南沿海地区的抗清势力，曾于顺治十二年（公元1655年）下令实行禁海政策，即在"沿海各省，无许片帆入海，违者置重典"。顺治十八年，清廷又下令沿海迁界，将居民内徙，于是"滨海数千里，复无人烟"。禁海与迁界使得明代已发展起来的海上贸易活动几乎完全停顿，中外经济联系乃处于断绝状态，其结果使大陆的各种手工业、农业产品销路大减，货币奇缺，市场紧缩，整个国家的经济发展都受到很大的不利影响。尽管不少大臣上奏，向皇帝说明禁海的弊端，例如有人指出：

> 自迁海既严，而片帆不许出洋矣，生银之两途并绝。……银日用日亏，别无补益之路，用既亏而愈急，终无生息之期，如是求财之裕，求用之舒，何异塞水源而望其流之溢也。岂惟舒裕为难，而匮诎之忧，日甚一日，将有不可胜言者矣。……可知未禁

之日，岁进若干之银，既禁之后，岁减若干之利，揆此二十年来，所坐弃之金银，不可以亿万计。

也有人说：

不许片板入海，既今二十年矣。流通之银日销而壅滞之货莫售。……近来各物值颇贱而买者反少，民情拮据，商贾亏折，大非二十年前可比。

这是康熙皇帝与三藩战争时期的情况，大臣们反映的是财源杜绝、民生穷困以及经济大倒退的现象。皇帝自己也了解禁海使得"滨海居民海盐、蚕丝、耕获之利咸失其业"；可是为了消灭台湾郑氏的反清力量，为了国家的统一与长治久安，他还是坚持禁海，直到康熙二十二年施琅征台，逼使郑克塽降清之后，清廷才下令沿海各省"先定海禁处分之禁令，应尽行废止"，重新开海了，从此中国与南洋、西欧等地区的贸易有了迅速的发展机会。不久康熙皇帝又下令在广东、福建、浙江、江南等省设立海关，负责管理对外贸易并征收关税，准许沿海人民造船和出海捕鱼，一时沿海人民经济生活大为改善，皇帝也真实感受到了开海设关"既可充闽粤兵饷，以免腹地省分转输之劳"，而对于"边海生民有益"。在中央与地方的一致努力下，清朝沿海与内地经济很快得到了恢复与发展。根据清代官方现存的史料，我们可以看出，当时西欧来华贸易的船只就不断地增多，西欧输入中国的商品，约分两大部分，一是从南洋转运来的如香料、药材、棉花、黑铅、鱼翅等等，一是直接从欧洲运来的毛布纺织物、自鸣钟、玻璃镜、仪器等工业产品。欧洲来船从中国带回去的物品则以茶叶、生丝、绸缎、瓷器等为大宗，而外国来船都是"载银来置货"。中国在对欧贸易上每年都是出超的，而且白银不断地流入，这对当时国内经济非常有利，清代盛世的成因多少与此有关。

康熙皇帝本人对于欧洲贸易是十分关心的，他不但下令要广东海关对洋船的征收额税减去"十之二"，以示"怀远"，实际上是鼓励他们来华。同时也要求各海关所在地的总督、巡抚，在"西洋船到时问明速报"，以了解贸易情形。可是经过三十多年的繁荣景象之后，康熙皇帝突然又宣布部分海禁的政策了。他在康熙五十六年，因为发现"内地之米，下海者甚多"，苏州船厂"每年造船出海贸易者，多至千余，回来者不过十之五六"以及"海外吕宋、噶罗巴（指巴达维亚，即今雅加达）两处地方……彼处藏匿盗贼甚多"等原因，所以他命令"内地商船，东洋（日本）行走犹可，南洋不许行走。……至于外国商船，听其自来，包括澳门洋商也可以来去南洋"。皇帝之所以如此禁海，一则是防止国内粮食被贩卖到南洋，引起内地粮价的上涨。另一原因是当时外蒙准噶尔出兵入侵西藏，康熙派大军西征，他怕东南沿海再起争端，朝廷无暇也无力从事两方面的事件处理，所以下令禁华人出海去南洋，尤其不许将国内的民生物资偷运到海外。尽管这次禁海不是全面的，不影响西欧与日本的贸易，而且康熙死后不久又开禁了；但是对于沿海商民来说，还是有不少影响。诚如当时的官吏所说："滨海民人生业尽在番舶，禁绝之则土货滞积，生计无聊。"这也是雍正皇帝继承皇位后不久又开海禁的原因。

　　从康熙年间清廷的禁海、开海与再禁海的政策上看，皇帝很清楚地了解禁海使国家财政枯竭，百姓生活困苦，所以他在台湾郑氏反清势力清除后，热心地开了海禁。可是到康熙末年，他发现米粮出洋，影响国内物价，而南洋"多聚汉人"，并恐怕"吾民作奸勾夷"，再造成东南沿海的动乱不安，所以他又下达了禁海的命令。康熙皇帝确实是一位务实的君主，一切以国家安全、满族统治权为前提。当人民与地方的利益高过中央利益时，或是地方利益与中央利益冲突时，不管人民与地方的利益有多重要，他总是以国家利益作最先考虑，禁海与开海的政策是如此，很多其他的政策也是一样。

康熙对文字狱案的处理

文字狱案，在清代以前就常常发生了。司马迁、魏收等史学家都是著名文字狱案的牺牲者。明太祖洪武年间，更是常见一些莫名其妙的文字狱案，一个人竟会因在诗文中用了一个"光"字、"生"字而被皇帝以为讽刺出家为僧或是光头等事遭到杀身之祸的。不过清代以前的文字狱，多系出自专制淫威，因君主一人的憎怒而起。狱案受害的也只及当事人，而无牵连之事，更谈不上影响到学术的进步与民族思想的发展。清代的文字狱则与前代不同，为祸之烈，影响之深，都是中国历史上少见的。

清朝入关后的第一代君主顺治皇帝，初年因皇叔多尔衮摄政，同时又正值平息国内反清势力，根本无暇也无法关注到知识分子的文字问题。即使到皇帝亲政之后，对于抱有故国思想，或是将孤忠愤怒形诸文字的，政府也往往采取不闻不问的态度。甚至王夫之写出"即使桓温辈成功而篡，犹贤于戴异族以为中国主"，或是有人写"扫除胡种落，光复汉威仪"的诗句，也都毫无禁忌。康熙皇帝继承之后，他以崇儒重道为国策，当然对知识分子是尊重的。对于一些怀有民族思想的遗老遗臣，基本上是以怀柔手段来对付的。他不断地诏举山林隐逸、开博学宏儒科、修纂明史等等，都是他罗致节义之士、潜消反清思想的方法，因此对于一般文人学者因文字不当或诗词犯禁的常常都是从轻发落。像邹流骑刻印吴梅村的《鹿桥纪闻》（一名《绥寇纪略》），虽有凡例中大事记"似为蛇足"，又私藏明季史料例干法禁等问题，康熙并未兴大案查办。陈鹏年的《虎丘》诗也被人断章取义，摘出"一任鸥盟数往还"诗句说鹏年阴通台湾郑氏。康熙大不以为然，并且对大臣说："诗人讽咏，各有寄托，岂可有意罗织，以人人命？"可见他的开明态度。

然而，康熙一朝对文字狱案的处理也是有一定原则的，他们的正统地位不能被否定，他们的国家安全不能受侵害。以下几件文字狱案最能说明这一方面的事实。

康熙刚即位不久，就发生了庄廷鑨的《明史》大案。庄廷鑨是浙江湖州人，他双目失明，但有志效法左丘明编纂史书。他的父亲庄允城为了完成儿子的心愿，在顺治末年买回了一套《明朝诸臣列传》的稿本，并延聘了一批文人学士增订改修，历五年而成书，号曰《明书》。不过这部书里有指斥满清的文字，又直呼清太祖的名讳；指孔有德、耿仲明降清为叛明；又不书满清在关外年号；而于隆武、永历之即位正朔必大书之。结果经人告发，因而兴起了一场大狱。当时庄廷鑨已死，诏戮其尸；其他庄家兄弟子孙以及为该书作序的、刻印的、校订的甚至贩卖的很多人，都遭到杀身或发配边疆的处分，一说此案牵连人命七十多条，也有说被处死的有二百二十一人，真可算凄惨绝伦。牵连之广，也是前史未见。当然这件文字狱案发生时康熙尚未亲政，不过清廷对文人思想反抗的处理方式由此可以看出一些端倪了。

康熙二十年七月，翰林院侍讲王鸿绪上书告发湖广地区朱方旦邪教煽惑案件，皇帝命有关衙门查办，到第二年二月，案子查办清楚了，清代官书里是这样记载的：

王鸿绪疏参朱方旦，自号二眉道人，阳托修炼之名，阴挟欺世之说，广招党羽，私刻秘书。其书有曰：古号为圣贤者，安知中道？中道在我山根之上，两眉之间。其根互相标榜，有顾齐宏者曰：古之尼山，今之眉山也。陆光旭则曰：孔子后二千二百余年而有吾师眉山夫子。朱程精理而不精数，大儒之小用；老庄言道而不言功，神仙之术虚等语。皆刊书流布，蛊惑庸愚，侮慢先圣，乞正典刑，以维世道。经湖广总督王新命审实具题，朱方旦诡立邪说，妄言休咎，煽惑愚民，诬罔悖逆，应立斩。顾齐宏、陆光旭、翟凤彩甘称弟子，造刻邪书，俱斩监候。从之。

　　另据资料，这一狱案是王鸿绪看到了朱方旦的刻书，发现书中有意略去帝王臣庶的阶级，又发明记忆在脑不在心的异说，因而列出"诬罔君上、悖逆圣道、摇惑民心"三大罪状以及"广田宅、为子纳官、交结势要"、"招致羽党，常聚至数千人"等不法事实。说朱方旦"虽汉之张角、元之刘福通，亦不过以是术酿乱"。可见朱方旦的案子是借文字而兴的，实际上则是怕他惑众酿乱，动摇国家根本。

　　康熙五十年发生的戴名世《南山集》案也是典型的思想意识问题。戴氏安徽人，他在康熙四十八年已是五十七岁高龄时还参加清朝的会试、殿试，并考中了一甲二名，当起翰林院编修的职位，可见他不是反清复明的节义之士。不过他自幼就喜爱史书，对修史体例尤其有研究，有一次他给学生写信时发泄了他对明朝亡国的一些感情，他说："今以弘光之帝南京；隆武之帝闽越；永历之帝两粤、帝滇黔，地方数千里，首尾十七八年，揆以《春秋》之义，岂遽不如昭烈之为蜀，帝昺之在崖州，而其事渐以灭没！"又在《与弟子倪生书》中谈到修史之例时，说得更坦白："本朝当以康熙壬寅为定鼎之始，世祖虽入关十八年，时三藩未平，明祀未绝，若循蜀汉之例，则顺治不得为正统。"这些言论以及他的老友方孝标的著作《钝斋文集》、《滇黔纪闻》等书都被他的学生一起刻印在为他祝寿的《南山集》中，学生们原想以此作为对老师尊敬的一份献礼；但没有想到"文禁方宽"的时候仍然兴起一场文字大狱。右都御史赵申乔参奏戴名世"妄窃文名，恃才放荡，……私刻文集，肆口游谈，倒置是非，语多狂悖"。经过九卿大臣们审查之后，认为《南山集》一书，确实"多属悖乱之语，罔识君亲大义，国法之所不宥，文理之所不容"，因为清朝入主中国，是"得天下之正，千古之所未有也"。刑部并认为戴名世犯了如此大罪，应处以"寸磔"的极刑，他的家族则"皆弃市，未及冠笄者发边"。其他作序、捐资刊印以及藏板的有关人员都该分别治罪，一时牵连了几百人。据说康熙皇帝看了刑部判决的报告书都"为之恻然"，觉得涉及的人士太多，当最后定谳时，皇帝降谕除将戴名世处斩外，若干牵连的人犯"俱从宽免治罪，着入旗"，"得恩旨全活者三百余人"。康熙末年的这件历史文字狱，比起初年的庄氏史案，实在"格外开恩"，处罚得轻了。这是康熙不同于早年守旧辅政大臣之处，他不想得罪更多的汉族知识分子，也借以表现他个人的威中有恩。不过，有一点原则是清楚的，就是对于思想有反叛的人绝不宽恕，清朝的正统地位不得怀疑，更不容否定，无论是满族祖先的谥号、庙号、年号都得尊重、被承认，庄廷鑨与戴名世都是犯了这些忌讳，当然应该处罚。朱方旦则是向朱程心学挑战，向国家安全挑战，更是不能容许他的存在了。

由此可知：康熙朝的文字狱案都是因干犯了正统意识或是影响到皇权与政权安定而兴起的，与乾隆朝因薄物细故、文字上的小问题而闹出一场文字大狱很有不同。

康熙千叟宴

　　康熙皇帝生于顺治十一年三月十八日，八岁即位，到康熙五十二年，正是他六十大寿的时候。他为享国年久感到高兴，曾对大臣们说："屈指春秋，年届六旬矣。览自秦汉以下，称帝者一百九十有三，享祚绵长，无如朕之久者。"这一年正月里，可能是在官员们的策划下，各界人士纷纷表示要为皇帝祝寿。若从身份上讲，这些人民中包括官绅士农，若就地域说，则有京中与外省，甚至有远至百里千里外的。这一年的三月初一日，皇帝降谕说："朕昨进京，见各处为朕六十寿诞庆贺保安祈福者，不计其数。"他很自谦地表示"朕实凉德，自觉愧汗"。到了初八日，他又下令给大学士等人，提到"各省为祝寿来京者甚众，其中老人更多，皆非本地人，时届春间，寒热不均，或有水土不服，亦未可知"，因此他叫大学士传谕汉官等"倘有一二有恙者，即令太医院看治，务得实惠，以示朕爱养耆老之至意"。为了体恤各地老人，皇帝在十一日又下了一道命令给南书房的翰林们说：

　　闻各省祝万寿老人，俱于十七日在西直门外本省龙棚下，齐

集接驾。十八日至正阳门内，听礼部指地方行礼，行礼后，若再至龙棚，恐城门拥挤，年老之人，实有未便。况十七日，朕进宫时，经过各省龙棚，老人已得从容瞻仰，十八日行礼后，老人不必再至龙棚下接驾。尔等传与各省汉官，遍谕各省老人知悉。

第二天，皇帝又命"各省年老官员来京祝万寿者甚多，此内除本身犯罪官员外，或有因公墨误、降级革职者，俱酌量复还原品"，显然是皇帝又给年老官员们一些"恩泽"了。

皇帝生日的前一天，即三月十七日，清代官书里对各地老人迎驾情形，作了这样一番描写：

> 上奉皇太后自畅春园回宫，直隶各省官员士庶，夹道罗拜，欢迎御辇，耆老等跪献万年寿觞。上停辇慰劳，遍赐老人寿桃及食品，诸王、贝勒、贝子、公、宗室觉罗人等及文武大臣官员兵丁，并于诵经处跪迎，上霁容俯视，皆赐以食品。

皇帝有感于各地老人来京的盛情，乃向大学士们宣称：

> 今岁天下老人，为朕六旬大庆，皆从数千里匍匐而来，如何令其空归，欲赐伊等筵宴，然后遣回。

这就是千叟大宴的由来。当天皇帝并令大臣们将各族群来贺官民年龄超过六十五岁的呈报上来，在三月"二十二、三日内，择一日赐宴"。

后来也许是因为筹备不及的原因，大宴延到三月二十五日才在畅春园正门前举行。这一天先宴请了"直隶各省汉大臣、官员、士庶人等年九十以上者三十三人，八十以上者五百三十八人，七十以上者一千八百二十三人，六十五以上者，一千八百四十六人"。皇帝为了尊敬老人，特别叫领侍卫内大臣公阿灵阿等传谕众老人说：

今日之宴，朕遣子孙宗室，执爵授饮，分颁食品，尔等与宴时，勿得起立，以示朕优待老人至意。

在宴会举行之中，皇帝又命令将八十岁以上老人，扶掖到他的面前，他亲自招待他们饮酒。并且又赐给李光地、王掞、宋荦、彭会淇、祖良璧、黄象坤、王世臣等现任或退休官员袍帽等用品。赏赐各地来的老人"九十岁者人各赏银十两，八十岁以上者人各赏银八两，七十岁以上者人各赏银六两，六十五岁以上者，亦各赏银一两"。

同月二十七日又在畅春园正门外宴请"八旗满洲、蒙古、汉军、大臣官员、护军、兵丁、闲散人等年九十以上者七人，八十以上者一百九十二人，七十以上者一千三百九十四人，六十五以上者一千十二人"。也是由诸皇子"出视颁赐食品，宗室子执爵授饮"，请八十岁以上老人到御前由皇帝"亲视饮酒"，大宴之后也赐给少数大臣袍帽，赏老人"白金有差"。

从以上简单说明可知，康熙五十二年三月，皇帝曾两次大宴老人，每次总人数都在千人之上，但是清朝官书里并未出现过"千叟宴"的字样。

康熙六十一年春正月，皇帝一则因为登基已超过了六十年，再则自己感到全国人丁增加，民生富庶十分欣慰。乃在初二日宴请"八旗满洲蒙古汉军文武大臣官员及致仕退斥人员，年六十五以上者六百八十人"，地点是在紫禁城内的乾清宫。初五日又在同一地点召宴"汉文武大臣官员及致仕退斥人员，年六十五以上者三百四十人"。对于这两次不同族群大臣们的宴会，虽然都是"命诸王、贝勒、贝子、公及闲散宗室等，授爵劝饮，分颁食品"；但是初五日对汉大臣们的宴饮多了一项节目，即皇帝先写了一首七言律诗，然后"命与宴大臣官员，各作诗记其盛，名曰千叟宴诗"。

由此可知：康熙六十一年的宴请老人，两次都不足千人，规模不能与五十二年的相比；但是"千叟宴"的名称却出现在实际上没有千人参加的宴会上了。

康熙时代举行了两次招待老人的大宴，餐宴的内容详情因史料不足，无法考证。不过康熙皇帝的孙子乾隆皇帝，事事都想学他祖父，因此他也举行过千叟宴，其规模不亚于康熙时代，而铺张浪费则不是康熙朝所能匹比。据可靠档案记载，乾隆千叟宴参加人员除满蒙汉等不同族属老人外，又有外国来使，包括西洋、外藩老人。宴会过程中又讲求配以音乐、分坐来示别官阶身份，以表现皇帝的威仪。皇帝在宴后赏赐给大臣的物品则包括殿本书、如意、寿杖、朝珠、貂皮、缯绮、文玩、银牌，不像康熙时赏白银那样的俗气。

另据《内务府清册·财务类》以及《御茶膳房簿册》所记：乾隆五十年第一次千叟宴，席开八百多桌，以次等桌（即招待三品至九品官员）的菜肴来说，每席摆出膳品为火锅二个（铜制）、猪肉片一个、烧羊肉片一个、烧羊肉一盘、烧炮肉一盘、蒸食寿意一盘、炉食寿意一盘、螺狮盒小菜二个、乌木筋二只，另备肉丝烫饭。至于一等桌则加多鹿尾烧鹿肉一盘、荤菜四盘碗。

内务府荤局与点心局在备办宴席时，仅烧用的柴为三千八百四十八斤，炭四百一十二斤，煤三百斤。

至于办一次千叟宴总共需要花费多少银两，现在无法查考。若以乾隆五十年的一次为例，头一年两淮盐商就向皇帝"恭进银一百万两"来看（乾隆后来没有赏收这笔银子），所费必然超过一百万两的几倍呢！

中国历史上皇帝宴请大臣的事例很多，如打胜仗之后庆功的凯旋宴、重大图书文献出版后的修书宴、庆贺考生中榜的鹿鸣宴、皇帝经筵礼成的经筵宴、过年前的除夕宴、皇家大喜万寿的宫廷大宴等等，不过像清朝康熙、乾隆两朝举行的"千叟宴"，则是历史上不见的，或者可以说是空前绝后的。千叟宴诗虽是歌功颂德者多，但也能记一时之盛，为文坛留下佳话。

三十六
康熙与清朝太监

　　汉代与唐代的太监都曾经以擅作威福在历史上出过名；而明代的太监则是可怕，他们处处干政、时时干政，成为明代灭亡的一个原因。满洲人建立大清之后，鉴于明末太监权势过重，乃不设明代太监的衙门，而以自创的内务府来为皇家服务，并管理太监。

　　在清政府定鼎北京之后，投降的明代太监人数还不少，他们在朝廷仍担任很多有关礼仪的工作。这些太监们余威尚存，他们"仍依照明制，每遇朝参，行礼都在文武诸臣之前"。满洲新贵当然不能容忍他们，曾给予严重的打击。不过后来顺治皇帝亲政了，他虽然一边大大地限制太监的权力与活动，如官品不得过四品，不许他们结交外官，不许他们离开皇城，不得购屋等等；但是他执行得不严，而且后来因与满洲贵族争权，皇帝又依恃与利用了太监，致使太监的权势有坐大的事实。康熙皇帝即位之后，形势又有了改观，他厉行顺治朝制定的法令，并新创管理太监的单位与规章，重重地打压了太监一番，太监只得当"内廷差事"的奴婢了。

　　康熙皇帝一直认为太监是最下贱的一群人，说他们"原属阴类，其心性与常人不同"。因此他亲政后不久，便在内务府衙门成立了一个叫"敬事房"的机关，专门管理太监，要每个太监都"敬谨畏法，小心供役"，不可稍存僭越之念。

尽管皇帝对太监着意打击，但是宫廷里太监人多，他们的品质又差，在康熙执政的六十年间，太监犯罪的事仍是时有所闻的，现在略举现存于满汉文档案中的小部分记事，以说明当时太监的犯法情形：

康熙二十九年二月，宫里太监孔成持刀刎颈，企图自杀，被人发现。敬事房的执事官员认为孔成是宫院行走之人，"持有刃物刎颈，甚可恶，拟将孔成即议奏斩决"。康熙皇帝对敬事房官员的建议稍作修改，判"孔成拟斩罪，候秋决"。反正太监在内宫里持有凶器一定是处死的。

康熙三十三年，太监钱文才、李进学等打死了老百姓徐工，刑部判钱文才等"应绞监候"，皇帝则认为"太监杀人，断不可宥，尤宜加等治罪。……至秋审时勿令幸免"。

康熙五十年秋天，太监刘进朝在宫外开店，竟容许强盗方贵等人居留，并将明知他们偷盗来的衣物折价算住店费用。案发后，刑部判方贵、刘进朝等充军黑龙江，皇帝则认为判得太轻，下令"应当正法"。

康熙五十三年六月底，南府与景山两处的太监于夜间点灯聚赌，查获之后，总管太监认为参加赌博的太监郭二、单养性、姚国柱、何金忠等人违禁，"殊属可恶"，给予他们"各枷号两个月、鞭百"的处分。不过皇帝批示：郭二、单养性、何金忠三人依例枷号两月、鞭百，姚国柱则"暂放，抵京后依议治罪"。最后在结案时，康熙皇帝又将一些太监的长官因管理属下不严，而给予鞭打或罚俸。

康熙六十一年九月，宫中太监金廷林与李金玉、刘义等饮酒，金廷林酒后发疯，高声叫骂，连管事太监劝阻都不听，反以刀带子与管事大太监拼命。这件事经内务府官员审理后，查证属实，以金廷林虽未持刀，但系有刀带子，且又谩骂主管，酒醉发疯，其行厌恶之极，拟斩监、候秋后处决，李金玉、刘义等人则各加枷号两月，责一百鞭。

以上只是康熙朝太监犯罪案件中的一小部分，相信已经可以说明当时情形的一斑了。康熙皇帝对太监的为非作歹是不予姑息与宽宥的，而且也逐渐形成了一些处分宫中太监的成例，以作为日后的依据。这些成例到乾隆时代就被编集成了法典，收录在《钦定宫中现行则例》，作为后世处分太监的法律依据。例如《则例》里所载的一些条文，像"宫中禁地不许口角斗殴，犯者如系首领，罚月银六个月；如系太监，重责六十板"。又如"宫中禁地，不许白日饮酒酗醉，犯者如系首领，罚月银六个月；如系太监，重责六十板"。还有"宫中禁地，不许相聚赌博，犯者如系首领，罚月银六个月；如系太监，重责六十板"以及"凡无故持刀入殿或装疯闹事者，均处以绞监候"等等，都可以说是从康熙时代传流下来的处罚太监家法发展而成的，只是处分稍为减轻了一些，并将"鞭责"改成"板责"。

"板责"或"杖责"是清宫中对一般太监常用的刑罚。刑板与刑杖都是用竹子做成的，其中刑杖是长五尺、圆五分的实心青竹。刑板则为长五尺、宽五分的青毛竹板。受刑的太监就是以这种竹棍或竹板在屁股上重打，打到皮开肉绽为止。尤其在宫殿内行刑时，皇帝常命贵族或主管监刑以及行刑的人不能稍有徇情，否则自己也可能被罚的。

整个清代，除了顺治朝的太监尚有明末的余威，嘉庆朝发生紫禁城"谋逆叛乱"事件以及清末安得海、李莲英等扩张太监权势之外，一般说来，太监只是清宫中的下贱奴仆，一切行动都是受到严厉法规管制的，他们不能干政，更无从乱国，这些都是康熙皇帝成立敬事房并以严惩太监所奠基的。清代太监不能为患，应该可以说是康熙政策正确的结果。

三十七
康熙与木兰围场

　　康熙二十年（公元1681年）三月二十日，皇帝陪同祖母孝庄太皇太后去遵化温泉，其后他带着满汉大臣与八旗劲旅，出喜峰口，经宽城，进入内蒙古喀尔沁旗，会合蒙古各盟旗王公贵族及喀尔沁蒙古骑兵，北上越锡尔哈河、阴河等地，沿途习武狩猎，到四月二十二日，驻跸达希喀布齐尔地方，大宴喀尔沁王札锡与公吴特巴喇以及其属下人等，并赐给袍帽、佩刀、鞍辔、缎纱、银两等物。《康熙起居注》里记："以上诸人，因前往相度地势，酌设围场，故加赏之。"清朝的木兰围场就在康熙皇帝这次亲自走访勘察后，以"喀尔沁、敖汉、翁牛特诸旗敬献"的名义设置了。"木兰"（Muran）是满语，意为"哨鹿"。这座围场位于现在河北省围场县，距避暑山庄一百多公里。围场占地总面积有一万多平方公里，北面是平均海拔一千四百公尺以上的坝上高原，南面是地势较低的燕山山脉。境内山峦绵亘，雨量充沛，森林密布，清泉萦绕，各类飞禽走兽极多，加上地形复杂，很合适训练满蒙骑兵越高山奔平地等的骑射技术。

　　康熙皇帝自设置围场后，几乎每年都来这里举行秋狝。这种射猎的活动规模很大，以康熙二十二年为例，皇帝曾命令清朝本身就必须每年有一万二千人分三班赴口外行围，各部院的官员也必须参加，主要目的是"令其娴习骑射"。另外每次举行木兰行围时，各地蒙古王公贵族也要率领属下来参加，通常都有上千的骑兵、向导、随围枪手、长枪手参加，协同狩猎。

每年行围的时间，通常在秋天，前后需要二十天左右。每天黎明前，满蒙管围大臣率领各管属骑兵向围地进发，各军必须严守纪律，整齐划一，违反的以军法治之。各组骑兵到达指定围场后，形成一个方围数十里的阵列，并从四方逐渐缩小包围圈。皇帝则率大臣、侍卫、射生手等在日出前进入围场，由皇帝与皇太子等先射猎，当包围狩猎的围子缩小到相当程度时，戴着仿制鹿头帽的侍卫，吹起木制的长哨，像似雄鹿求偶的声音，皇帝自行狩猎或下令众人出击，一时"雷动森至，星流霆击"，声势浩大异常，各种野兽都遭到围攻杀戮的命运。一天的行围，犹如一天短兵相接的战斗，皇帝就以此来训练战士们作战，他认为武备不懈，才能维护国家。

每天狩猎完毕之后，满蒙各组军队计算各自猎得的兽类，"陈牲数获"，皇帝再论功行赏，以鼓励"战功"高的单位。然后又为了慰劳大家一天的辛劳，命令各组军人点起千百堆篝火，举行野餐，烤食大家猎得的野味。二十天后，木兰行围结束时，又举行大型的庆功与惜别宴会，有蒙古音乐家吹奏助兴，大家狂欢痛饮，并有摔跤比武大赛，气氛欢乐融洽，以为"木兰秋狝"画下暂时的休止符。可见清朝举办这样大型的狩猎活动，不但是一场军事技能的测验运动，同时也是满蒙高层首长的一种联谊活动。

自木兰围场设置后，除了康熙二十一年因筹划与俄国进行雅克萨战争以及康熙三十五年皇帝亲征外蒙噶尔丹没有举行秋狝外，其余每年至少举行一次，有时还举行额外的、规模较小的木兰行围。据专家们统计，康熙年间先后一共有四十八次率八旗兵出塞行围的记录。直到康熙皇帝逝世的那一年，秋狝还是照常举办的，可见康熙对木兰行围的重视。

如前所说，木兰行围是一项大规模的军事行动，动员的人数极多，一路食宿问题，很不容易张罗，因此随着一次又一次的行围，北京至围场这一路上逐渐地为休息、打尖、住宿而新增了不少设置，加上帐篷、蒙古包、御寒物品、仪仗、武器、赏赐物品以及补给物品等的存放保管与储存问题，所以清朝政府出资，不断地在沿途建造了一些供应饮料的茶宫、供吃食的尖宫以及供睡眠的住宫。每次行围加上往返休息的时间至少得需两三个月，皇帝还得要一所处理政务的行宫。开始造成了热河行宫，后来便发展成了日后闻名的避暑山庄了，这是康熙亲征噶尔丹胜利之后，尤其感受到处理北方民族的重要，所实行的一项政策的结果。

　　避暑山庄后来经过乾隆皇帝的扩建，规模更大，内容更形丰富，成为著名中外的一所塞外园林。乾隆在《避暑山庄百韵诗序》中说："备边防，合内外之心，成巩固之业。"就是指木兰行围而言的，充分说明了清朝设置木兰围场是有政治目的的。正如魏源日后着《圣武记》说过："本朝抚绥蒙古之典，以木兰秋狝为最盛。"木兰围场确实是有团结蒙古诸部的作用。

康熙与避暑山庄

康熙四十二年（公元1703年），皇帝选定了现在承德市北边一块地方，建造了热河行宫，又名承德离宫，一般通称为避暑山庄。山庄规模宏大，约占地八千四百多亩。康熙为什么在这里兴建行宫呢？原来承德是一个美丽的山城，滦河与武烈河蜿蜒其间。武烈河古代有热河之称，承德也就曾有热河名号了。承德周围的山上林木丰茂，郁郁葱葱，诗人赞美说："大抵无峰无好树，一峰不与一峰同。"康熙朝官员在看过避暑山庄风景之后，都说："自京师东北行，群峰回合，清流萦绕，至热河而形势融汇，蔚然深秀，故称西北山川多雄奇，东南多幽曲，兹地实兼美焉。"也就是说他们眼中的热河行宫是兼有南北方风景之美的。康熙皇帝在《避暑山庄记》一文中，则更强调了山庄的优点，他说：

　　朕数巡江干，深知江南之秀丽；西幸秦陇，益明西北之殚陈；北过龙沙，东游长白，山川之壮，人物之朴亦不能尽述，皆吾之所不取。

可见皇帝认为全国各地虽各有美处，但他总觉得不如承德可取。事实上，当时交通不便，皇帝又爱游各地，不能离京城太远，所以热河是最佳的行宫地点。再说康熙建这座行宫还有笼络、控制蒙古与西藏等外藩的作用。在这些条件兼备之下，热河就被选上了。

康熙时代的避暑山庄只是初建的阶段，很多大建筑与景点都是他的孙子乾隆皇帝完成的。不过在康熙之世已经就有了所谓的三十六个景区了，有山有水，而"山庄以山名，而胜趣实在水"，所以山庄也是一个绿化的大园林，景区中有不少是以树木花卉为主的。

山庄里除苑景区以外，主要的是宫殿区，是皇帝理政与起居的处所，其中澹泊敬诚殿更是主体建筑，皇帝在这里正式接见文武大臣以及蒙藏回族的王公贵族喇嘛等人士。为了配合康熙皇帝当日政治和生活的需要，山庄区域内又建造了溥仁寺与溥善寺。溥仁寺位于武烈河东岸山边，康熙五十二年各部蒙古王公贵族来热河，为庆祝皇帝六十大寿而建，寺内有巨碑两座，其一为《溥仁寺碑记》，溥仁寺现存正殿，内供三世佛和二侍者，两侧有十八罗汉像。溥善寺现已不存，不过这两座佛庙是山庄中建造年代最古老的。

根据清朝宫中档案所记，避暑山庄自康熙四十二年兴建以后，皇帝每年来住夏，有时冬天也小作勾留，专家们认为二十年中，康熙皇帝大约前后来过山庄五十次之多。一般正常的住夏避暑通常是五月自北京来，九月再回北京，约有四五个月的时间在热河度过。以康熙生命中的最后一年即康熙六十一年来说，他虽已病魔缠身，他仍到山庄住夏约三个多月，比他在北京紫禁城或畅春园中住留的时间都长，可见他对山庄的生活是乐此不疲的。

康熙皇帝每年都到热河行宫长住的原因究竟是为了什么呢？晚年身体欠佳，他需要风景优美水口好的地方休息，应该是一项原因。但是从他留下的多首山庄诗中，我们可以了解他是想利用游憩之余，思索一些有利国计民生的大事。同时他个人常访热河，对北方边疆的安定、地区的发展也是有帮助的。尤其他在《山庄记》一文中写出的另一个道理，很值得我们一读：

> 至于玩芝兰则爱德行，睹松柏则思贞操，临清流则贵廉洁，览蔓草则贱贪秽；此亦古人因物而比兴，不可不知。

可见他在"静默少喧哗"的山庄中，观察树木花草，由物及人，由自然界投影到人类社会，将得到的启示用于治理国家，实在不能不算是件好事。不过，康熙也可能是想远离礼教深重的北京，到山庄里来打猎杀生，过一段放浪形骸的生活，也未可知。一位西洋传教士叫马国贤（Matheo Ripa），有一年随皇帝到山庄做客，写下这样一段记事：

> 在热河避暑山庄，我（马国贤自称）住在一处带有小花园的临湖房屋里，湖的对岸是别墅，陛下经常由一些妃嫔们陪同，在那里读书学习。通过窗纸的孔眼，我看见陛下在阅读写字，那些陪伴他的妇女们在垫子上，一言不发，仿佛是缄默的修女。有时陛下带着五六个妃嫔，乘坐一条华丽的小船，这些妃嫔中有满人，也有汉人，一律穿着旗装。小船后面还尾随着很多船只，所有船上都载着妇女们。
>
> 有时候，陛下高高地坐在一个形同宝座的位子上，观看他所喜爱的游戏。几个太监侍立于侧，宝座前方的毡球上，聚集着一群妃嫔。突然，陛下将假造的蛇、癞蛤蟆以及其他令人憎恶的小动物抛向妃嫔中间，她们跛脚疾跑，以求躲避，陛下看了十分开心。
>
> 还有的时候，陛下佯装想得到长在树上的果实，于是让妃嫔们到附近小山上去摘取。在他的催促下，可怜的跛子们争先恐后，叫嚷着朝山上奔去，以致有人摔倒在地，引起他的开怀大

三十八　康熙与避暑山庄

笑。陛下不断创造这样的游戏，在夏日凉爽的傍晚，尤为常见。无论在山庄或是住京城，陪伴他的只有妃嫔与太监。依照世俗的观点，这种生活无疑是最为幸福，但在我看来，却是最可鄙的生活方式之一了。

文中的"陛下"当然是指康熙皇帝。"跛脚"或"跛子"的人应该是当年的那些汉族妃嫔，因为她们都是裹小脚的妇女，行动不很方便，尤其在跑动的时候，像似有残缺的跛子一样。马国贤是天主教清教徒型的神父，当然看了这些情景觉得很可鄙。事实上，康熙这位提倡理学的君主，以此恶作剧的"游戏"来供自己消遣作乐，说起来也是低俗的趣味了。他一向表现得宽厚、仁慈的形象，在马国贤的这些真切而生动的描写文字中，显然都不存在了。当然康熙皇帝尽管是位杰出的君主，但他毕竟还是一个有七情六欲的人。他在北京的生活或是在处理政务时是严肃的，他在热河这样"阁影凌波不动涛"、"蓬莱别殿挂云霄"的仙境中，生活放纵，显示其凡人的本性也是无可厚非的，我们不必苛求康熙皇帝是位圣人。

康熙建造避暑山庄也确实并非为了一己的享乐。他还有为武备不懈与控制边疆蒙藏等少数民族的目的。尤其是溥仁寺等庙群建筑的构想，更是他想利用藏传佛教对蒙、藏同胞进行统治的形象体现。他用庙宇建筑与法器文物来宣扬"佛法如天"的神权至上思想，浸透"天命论"和神秘色彩，增强满族在当时喇嘛教中的护法地位。自清初以来，满族领袖们深知蒙藏族人笃信喇嘛教，因而采用"从宜从俗"的政策，"因其教，不易其俗"，以安抚并联系蒙藏族人，使蒙藏上层贵胄人物心向清廷中心，收到"俾满所欲，无二心焉"的统治效果。

三十九
康熙游扬州

　　清朝圣祖康熙皇帝在位六十一年（公元1662～公元1722年），是清朝享国最久的皇帝，也是清朝最关心民生问题的帝王之一。他早年就因黄河水患而视治河为国家施政的大项目之一。即使在三藩动乱、国家人力财力不足之时，他还命令大臣进行黄河工程，并且说："河道重大关系，国计民生，告成无期，朕甚忧之。"等到三藩乱平、台湾内附之后，他兴起了南巡的念头。据清朝官方的史料称，他南巡是为治河的，因为他总觉得个人对治河之事，"虽知险工修筑之难，未曾身历河工，其河势之汹涌患漫，堤岸之远近高下，不能了然"。所以要亲身勘察一下工地。从康熙二十三年到四十六年的二十多年当中，他曾六次南下黄、淮与运河、长江流经的地区，视察地形，指导工程，对当时治河确实做了一定的贡献。同时康熙南巡除以治河为主要目的外，他也在笼络汉族士绅与维系民心方面做了一些工作。现在就利用清初官私书档以及在海峡两岸珍藏的清宫档册，对这位大帝六次南巡期间在扬州一地的一些活动，作一点钩考，并略抒个人私见。

　　康熙的六次南巡，分别举行于二十三年、二十八年、三十八年、四十二年、四十四年与四十六年。《清实录》里虽然对每一次行程都有所记载，但不够详尽。如有关皇帝在扬州的部分，显然简略不全，甚至有隐讳之嫌。现在先以第一次南巡为例，《清实录》中仅写了康熙二十三年（公元1684年）十月甲寅（二十二日）"御舟过扬州，泊仪真江干"。第二天"乙卯，御舟自仪真渡扬子江，泊镇江府西门外"，然后皇帝便去南京，谒明太祖陵，看江宁教场等等。稍后在回程途中，皇帝在十一月初五又驻跸仪真，初六日则泊舟在扬州府辖的小镇邵伯，然后北上返京。从以上的记事中很能令人相信这次南巡，皇帝根本未进入扬州城。然而事实全然不同。清宫大内所藏的《康熙起居注》中就有较为详尽的记述，该档册在是年十月二十二日条下写着：

> ……上至扬州，登览蜀冈栖灵寺、平山堂诸胜，御书"怡情"二字，留题于平山堂。至天宁寺，御书"萧闲"二字。……

《康熙起居注》是记写于当时的第一手资料，内容绝对可靠，所以皇帝确实是去了扬州城里，而且还游览了多处名胜古迹。栖灵寺显然是因栖灵塔而称的，事实上这座古庙叫大明寺。大明寺始建于南朝宋大明年间，距今已有一千五百年的历史了。宋朝大诗人陆游曾称此寺为"淮东第一观"。康熙帝及其从臣当然不喜以"大明"为称，所以用寺侧的另一名胜"栖灵塔"的"栖灵"二字称寺。栖灵塔始建于隋仁寿元年（公元601年），当时隋文帝下令全国三十州各建一个供养佛舍利的宝塔，建在扬州的叫栖灵塔，塔高九层，高耸入云，唐朝诗人李白、白居易、刘禹锡以及后世很多名人都登过此塔，并留下不少的诗篇。康熙时为笼络汉人，仅在官家档册中称大明寺为栖灵寺。乾隆帝后来游扬州时，干脆把寺名改为法净寺，直到公元1980年春天，扬州政府才又将法净寺恢复本名大明寺。平山堂则更是当地的景点，在蜀冈之西，是北宋大文豪欧阳修任扬州太守时所建的，因为在堂前南望"江南诸山，拱揖槛前，若可攀跻"，所以称

"平山堂"。自从平山堂建成之后，欧阳修常与文士们欢宴于此，曾经"挥毫万字，一饮千钟"，后人在此作诗凭吊的也为数极多。天宁寺也是扬州的古刹，被列为"南朝四百八十寺"中的名寺。康熙帝南巡时曾下榻于此，寺前数十步有专为康熙皇帝修造的御马头，供皇帝登舟游湖用的。康熙帝既书写了"怡情"、"萧闲"等墨宝给这些名胜区，实录缺载是事实了。

在六次南巡的记录中，以第五次康熙南游扬州的记事最丰富，最值得一读。现在就官方与私家的资料依次征引说明如下：

《清实录》记康熙四十四年（公元1705年）三四月间皇帝第五次驾临扬州的事有：三月十一日乙巳，"御舟泊扬州府城北高桥"地方，当日降谕河道总督张鹏翮，要他重视河道工程告成后的善后方略。第二天适逢清明节，皇帝派官祭列祖陵寝，当晚住进了宝塔湾行宫。这一天来朝见的人很多，而且都是闽浙一带的封疆大吏。十三日，皇帝同意了九卿与张鹏翮合议作成的治河方略，又下令升梁世勋为山东按察使。御船于十四日离开扬州，"驻跸江天寺"。其后又到苏州、杭州、南京等地巡察，《清实录》里也记述了不少他对河工关切、体恤民情、重视文教以及阅兵、谒明太祖陵等等的事，而每到一处，都有人民或官员恳留他多住几天，他虽以"天气渐热"为由，想早些回京，但总是最后又"再留一日"或"再留二日"地留下了。在苏州时，正好是他的生日，万民为恭贺"万寿节"，"群跪行宫前，奏进诸品食物"，皇帝为此还特别对大家说："朕因阅视河工，巡访风俗而来，非为诞辰也。且朕来时，一切应用之物，具备自内府，所过地方，秋毫无犯……尔等可携去。"以此看来，皇帝是专以公务为重，以民生为先，不想对民间与地方有所扰累。在巡察过苏、杭、南京之后，康熙帝一行又于闰四月初一日回到了扬州，住进了宝塔湾行宫，《清实录》中记载了不少当日的事，比以往历次南巡在扬州的记事都详尽了一些，书中说：

甲子朔，上自江天寺登舟渡江，驻跸宝塔湾。……

乙未……上谕明日启行，地方官及商民再四恳求，留驾数日。得旨：因尔等恳求，朕再留一日。

丙申，御书"正谊明道"匾额令悬董仲舒祠。"经卫造士"匾额，令悬胡安国书院。"贤守清风"匾额令悬平山堂。赐扈从侍卫内大臣公福善、大学士马齐等香缎等物。福善等谢恩跪恳曰："蒙恩浩荡，赐臣等之物甚多，且赏赉官兵银两俱欲在此置买土物，祈皇上再留二日，臣等方有暇料理。"得旨：尔等既然恳求，可再留二日。

戊戌，赐大学士张玉书、陈廷敬，户部尚书徐潮，礼部侍郎胡会恩，都察院左副都御史陈诜等御书。己亥，上自宝塔湾登舟启行。

据此可知：皇帝于此次南巡的回程中又在扬州停留了六天，他原想住一天就离开的，后来因为"地方官与商民再四恳求"以及"官兵俱欲在此置买土物"等因，康熙帝便在扬州多留了五天。按照上引文中的说法，皇帝是体恤随行官兵下情才多作勾留的，而文字里出现"商民"字样，也值得注意。

康熙皇帝六次南巡扬州，尽管《康熙起居注》与《清实录》中已经为我们提供了不少资料，把当日的实状描绘得相当清楚生动了。然而官书毕竟是"官样文章"，对皇帝总不免是歌功颂德的，对若干不好不法的事多少要加以隐讳。就以康熙四十四年皇帝第五次南巡扬州前后为例，近代问世的宫中秘档与私家手记中便很可以揭露一些史实真相，现在分述如后：

第一，故宫博物院整理编成的《关于江宁织造曹家档案史料》一书，是收录以曹寅为主的一部史料集子。曹寅在康熙年间任职江宁织造与两淮盐政主管多年，而六次南巡中他就有四次迎送皇帝，而且多在南京与扬州两地奔忙服务。从书中有关资料看来，康熙帝在三十八年第三次南下扬州时，因为有皇太后偕行，他们见到茱萸湾（即宝塔湾）的古塔"岁久寝圮"，皇帝表示孝心，"欲颁内帑略为修葺"，没有想到当地盐商们"以被泽优渥，不待期会，踊跃赴功，庀材协力，惟恐或后，不日告竣"。盐商们或有自动捐款的，但皇帝确实"降旨命盐商修建"是事实。茱萸湾古代叫临湾坊，现今称湾头，是沿运河东行通海、北上淮泗的必经之道。隋炀帝三下扬州，都是在茱萸湾登陆的，当地因遍植茱萸而得名。茱萸湾畔的高旻寺原名天中寺，因寺中有高塔名天中之故，康熙帝修塔之后，改赐寺名为高旻寺，现今寺中仍有康熙手书的"敕建高旻寺"汉白玉石额一方存在。此外，在《康熙起居注》的记事中，我们看到皇帝第三次到扬州时，文字中有"商民"出现，而且更清楚地写下了当时赐御书给盐商张文秀以及项起鹤的母亲，也许这些可作为盐商出力修塔的一个旁证。

第二，在第四次南巡后一年多，宫中又传出皇帝将有五次南巡的事，曹寅为了逢迎皇上，便召集相关官员与盐商们，大兴土木，建造宝塔湾的行宫。行宫在高旻寺旁，据后人的描写："初为垂花门，门内建前、中、后三殿，后照房。左宫门前为茶膳房，茶膳房前为左朝房，门内为垂花门、西配房、正殿、后照殿。右宫门入书房、西套房、桥亭、戏台、看戏厅。厅前为闸口亭廊房十余间，入歇山楼。厅后石版房，箭厅，万字亭，卧碑亭。歇山楼外为右朝房，前空地数十弓，乃放烟火处……。"皇帝后来还为行宫赐了一些墨宝，如"邗江胜地"匾与"众水回环蜀冈秀，大江遥应广陵涛"联句等。行宫的工程进行得很顺利，到康熙四十三年底，曹寅便上奏报告情形了：

> ……所有两淮商民顶戴皇恩，无由仰报，于臣寅未点差之前，敬于高旻寺西，起建行宫，工程将竣，群望南巡驻跸，共遂瞻天仰圣之愿。

为了建造这座行宫，曹寅、李煦、李灿等官员都捐了两万两或一万两不等的银两，盐商们因人多，而"出银数目，尚未结算"，一时不见记录，想必为数可观。这些出钱出力的官员与盐商，后来都"议叙加级"或给予"虚衔顶戴"，如"给曹寅以通政使司通政使衔、给李煦以大理寺卿衔、给李灿以参政道衔"等等。另外在《李煦奏折》中我们也可以看到皇帝为答谢盐商们的"输诚"，也降旨赐给他们一些虚衔。高旻寺修塔与建行宫的事，在官书里隐讳了，这些史实，我们只能在秘档中钩考一些实状。

第三，清末汪康年编的《振绮堂丛书》初集中收录了一卷抄本《圣祖五幸江南全录》，这是一部很值得一读的珍本，作者姓名虽然不可考，但汪氏所谓"疑是京僚之奔走王事者"，应属可靠。该全录中对于第五次南巡时皇帝在扬州的活动记述很多，分别抄录如下：

> 三月十一日晚由高邮邵伯抵扬州黄金坝泊船，有各盐商匍匐叩接，进献古董、玩器、书画不等候收。扬州举人李炳石进古董，书画不等，上收《苏东坡集》一部。
>
> 十二日，皇上起銮乘舆进扬州城，总漕桑（格）奏请圣驾往炮长河看灯，俱同往平山堂各处游玩。……皇上过钞关门上船，开抵三涂（汊）河宝塔湾船泊，众盐商预备御花园行宫。盐院曹（寅）奏请圣驾起銮，同皇太子、十三阿哥、宫眷驻跸，演戏摆宴。……晚戌时，行宫宝塔上灯如龙，五色彩子铺陈古董诗画，无计其数。月夜如昼。
>
> 十三日，皇上行宫写字，观看御笔亲题。
>
> 十四日皇上龙舟开行，往镇江，过瓜洲四闸。……将军马（三奇）、织造曹（寅）、中堂张（玉书）公进御宴一百桌。……织造曹进古董等物，上收玉杯一只、白玉鹦鹉一架。又扬州府盐商进皇帝古董六十件，又进皇太子四十件，各宪亦进皇太子古董、物件不等。

同书中又记了皇帝返京时再经扬州的情况是：

五月（应为闰四月）初一日，皇上……巳刻至二十里铺，有
江宁织造兼管盐院曹（寅）带领扬州盐商项同、景元等，叩请圣
驾。午刻，御舟到三岔河上岸，进行宫游玩。驻跸御花园行宫。
众商加倍修理，添设铺陈古玩精巧，龙颜大悦。……进宴演戏。

初二日，两淮盐院曹进宴演戏。

初三日，皇上在行宫内土堆上观望四处景致，上大悦；随进
宴演戏。

初四日，上即在行宫内荷花池观看灯船，进宴演戏。

初五日，……文武官员晚朝，进宴演戏。

初六日，晚朝，进宴演戏。……

以上所述，应可视为可信史料，对康熙第五次南巡扬州的记事，有补
充与说明的作用。

综合以上所述，我个人有几点感想：

一、清代官方书档如《清实录》、《康熙起居注》等等，都不可视为
完善的史书，尤其对皇帝与皇家的事常有隐讳不书的缺失，康熙南巡便是
一例。

二、康熙南巡，前几次在扬州停留的时间不多，最后两次则都超过十
日的记录，显见皇帝对扬州的"好感"愈来愈多，有作较长时间勾留的必
要了。

三、自第三次南巡扬州以后，皇帝到南方巡察的性质显有改变，"阅
视河工，巡访风俗"等等固然是主要原因，但是修建宝塔、行宫；收藏古
董、字画以及吃喝看戏也成为行程中重要活动项目了。所谓"穷烹食、狎
优伶、谈骨董"的三好，在上有好者的时代潮流下，民间必有甚焉了。

四、康熙帝的南巡，自有盐官、盐商参与迎送行列后，官民们出钱起塔造屋、进呈珍玩、演戏摆宴，极尽消费之能事。其后皇帝则酬答以人参袍挂、赏借盐商银两，赐给虚衔或议叙加级，完全是彼此政治经济利益的互相输送；而皇帝所称的南巡"一切应用之物，具备自内府"的谈话，也变成了谎言。

五、皇帝每次南巡，不是轻车简从的几十人而已，事实上，往往动员到数千或上万的人，地方上接待的工作相当辛苦，费用也极多，真是"苦累官民"。"秋毫无犯"是绝对不可能的，不少学者认为康熙南巡是曹寅这样的官员日后亏空的主因，也是两淮盐课虚空的主要原因。若说乾隆皇帝南巡使得盐务败坏，不如说康熙帝是始作俑者。本文陈述的事实似可作为旁证。

六、康熙皇帝南巡虽然有可议之处，不过毕竟他仍是一位可以称颂的君主，尤其对扬州一地而言，这位皇帝给扬州留下不少历史纪念物，提高了扬州的知名度，促进了扬州的经济繁荣，如果冷静地从另一个角度看，康熙帝对扬州多少是做过一些贡献的。西洋谚语说："权力使人腐化。"政治人物不都有这样的通病吗？我们又何必苛求康熙皇帝呢？

一个人如果不能察出事物的真假，而一味地惑于世俗的成见，妄信盲从，就是迷信。康熙皇帝是不是一个迷信的人呢？从他在位期间的所言所行，似乎不容易判断。例如他在康熙二十二年二月，曾登五台山的菩萨岭，烧香拜佛，为祖母孝庄皇太后"致祈景福"，并颁发帑金，修缮五台山庙宇。又在东辽沈途中到千佛寺中降香，发给寺僧六百两香资，据说是他祖母托他带来的。皇帝在南巡途中，也派官员祭过河神金龙四大天王庙，并给不少庙里的和尚赏赐过御书墨宝，显见康熙是对佛教有着迷信的。另外每年例行的典礼中，有祭祀先农之神、社稷之神、山海之神以及城隍、关帝、东岳等庙神，似乎也是具有迷信色彩的。还有我们在清代官书档案里经常看到如下一些事实：

遇到天气异常，发生旱灾时，皇帝便要举行祈雨大典。祈雨有皇帝亲自祈雨与派大臣在京中或在各地代祈。也有请喇嘛与道士主持祈雨的，可见皇帝也惑于这项世俗之见，相信求神拜佛可以降下甘霖。

同样，遇到了雨水过多，皇帝也下令祈晴。有时同时在各地真武庙、东岳庙、三官庙、城隍庙等处由和尚或道士诵经，并派官"敬谨斋戒"去主持，认真地当作重要政务事件办理。

从以上的记述是不是就可以证明康熙皇帝是位迷信的君主呢？我个人认为应该再作考查，看看他对宗教是不是真的虔诚信仰？对世俗传统真是妄信盲从？先以佛教来说，康熙就说过他对喇嘛教是"生来厌闻"的。对蒙古人崇信喇嘛的风气，认为应该"亟宜挽易"。梁武帝酷好佛教是"无益有损"的事，而一般百姓人家丧事"延集僧道"做法事，都不是正理。显见他对这类宗教并不虔敬，更谈不上迷信了。

对于道家的炼丹之术，他也不相信，曾经表示过："凡炼丹修养长生及巫师自谓知前者，皆诞妄不足信，但可欺愚民而已，通经明理者，断不为其所惑也。"

对于祥瑞灾异一类天象，皇帝也几乎不信其真。他说："五星之行于天，度数不同，迟速各异，何由聚于一宿？虽史册书之，考之天文，断之以理，终不可信。"他认为"五星珠联"为吉祥之兆的说法是不可信的。至于那些瑞草、祥云、天书、灵芝等等，都不是什么祥瑞，他说："史册所载祥异甚多，无益于国计民生，地方收成好，家给人足即是莫大祥瑞。"因此他对于大臣们进呈上来的多穗嘉禾、千年灵芝，一概都说"朕不必览"，也就是一概不信。

风水之说，皇帝也不尽信，以下两例，可以作为说明：

康熙二十八年六月初三日，刑部呈上一件题本，报告有人私自挖煤，破坏了陵寝的风水，清朝官方文书里记载说：

> 夔岭沟地近陵寝，有关风水。民人徐庆忠私开煤窑，应充发。其总领以下各官，并降罚有差。所开之窑，永行禁止。上曰：风水之处，俱筑墙立界，夔岭沟去陵十三里，离风水较远，将此等处俱称有碍风水，则此十三里内，所有村井，将如何之？一概皆禁，将来何所底止？

另一事例发生在康熙三十三年十二月，刑部又为有人伐木而影响到风水事，向皇帝进呈题本说：有一个名叫阿哈尼堪的满洲人，他"盗伐风水禁地树木"，刑部判他"应立绞"的死刑，向皇帝请示。皇帝对此事有不同的看法，认为"此伐木处，虽属风水，然非内地，似此愚民无知犯禁者，前此曾经宽宥，着枷责发落"。皇帝救了阿哈尼堪一条命，而且说明风水是可以依内地与关外、汉人与满人的不同而有不一样的判断标准。

以上两例，似乎可以说明康熙对风水之说是不太相信的。

康熙晚年，虽然他想了解道家气功、冥坐的道理与功能，甚至也还对道士能以神法战胜准噶尔大军的事心存过希望，不过他基本上是不迷信的。他说："朕尝观书，见唐明皇游月宫，宋真宗得天书，此皆好事狂妄书生伪造，岂可以为实而信乎？"可见他有着强烈的理性信念。另有两位与他相处过并对他仔细观察过的西洋人也曾对他迷信与否作了如下的评语：

耶稣会传教士张诚，曾在宫廷任职，为康熙讲授过天文、哲学、数理等学科，常随皇帝出巡塞外，并协助清朝办理中俄外交，订立《尼布楚条约》。他伴随皇帝到外蒙与塞外前后八次，可见他是得到皇帝宠幸的西洋人之一。张诚死后留下珍贵的日记史料，在他公元1691年（康熙三十一年）夏天陪皇帝参加蒙古多伦会盟时的日记中，在六月二十三日这天，他记着：

> 皇帝陛下对那种认为有吉日忌辰和幸运时刻的迷信说法，十分轻视，他明确地告诉我们：他认为那些迷信不仅是假的和无用的，而且对国家有害，特别是执政者提倡迷信的话；这种迷信，以前曾使不少无辜的人丧生。他提到了一些人的名字，……汤若望神父同时受迫害，他们被判罪和处判是出于一种罪名，即他们给皇帝（前朝）一个儿子的下葬时辰定的不当，这被认为是会给皇族带来不幸的。皇帝说：人们，甚至大臣们陷入迷信，犯错误的后果可能不太坏；但若朝廷的统治者陷入迷信，就可能导致可

怕的弊病。

另一位法国传教士白晋，也是在宫廷中服务多年的，他在呈送给法国国王路易十四的报告书中，也谈到康熙不是一位迷信的君主。他说：

> 皇帝对中国旧的迷信已经有些破除。例如在中国，除了基督教徒外，差不多每个人在开始做一件重要的事情时，都要选择一个黄道吉日。钦天监里有一室，专门根据迷信的方法为做每件重要事情选择风水吉日。在当今皇上年幼时期，钦天监延误了皇帝胞兄的安葬时刻，这种疏忽被认为对帝室是不吉利的。因此帝国的辅政大臣以斩首来判处三个钦天监官吏。
>
> 康熙出于策略，让钦天监按例办事。但是，在多次接触中，我们知道，他根本不相信那些意见。实际上，一切与皇帝本人有关的事情，都是他自己决定，同时也使钦天监很好地明了他的旨意。例如当他给他长子娶媳妇时，根据习惯，该由钦天监来决定在被选人中谁做皇媳最适合。但我能说，钦天监是奉命指定皇帝自己所选中的女子。同样，当确定皇帝几次旅行的启程日期时，也是如此，钦天监选定的日期，也总是皇帝决定要出发的日子。

两位传教士的看法都是大致相同，皇帝是不迷信的。皇帝不迷信的原因，可能与他的学问有关。他懂得天文气象，当然就了解五星珠联、彗星、旱灾、水灾的成因。他精通中西医学，因而对道家炼丹可以使人长生之说就不会妄信。但是他极为孝顺祖母，而祖母是笃信喇嘛教的，他为了遵循伦理与传统只得表现出迷信。他为统治中国，服膺理学，他也只好随俗祭祀诸神，祈晴祈雨。他一生中作出不少的迷信行事，都是出于"策略"的需要，也就是为了政治、军事或其他方面的需要，他才迷信的。康熙皇帝应该是一位不惑于世俗之见或妄信盲从术数仙佛的君主。

康熙十二年十月初九日上午，皇帝在乾清门听政以后，便到弘德殿听
经筵讲官熊赐履、喇沙里、孙在丰等人对他讲《四书》中"子曰其言之不
怍"与"陈成子弑简公"二章。讲课完毕，皇帝特别把熊赐履召到他面
前，向他说：

> 朕十岁时，一喇嘛来朝，提起西方佛法，朕即面辟其谬，彼
> 竟语塞。盖朕生来便厌闻此种也。

康熙二十八年十一月二十七日在早朝与各部院大臣讨论政务时，理藩
院的官员向皇帝报告乌斯尼哈白塔的住持喇嘛罗布藏宜宁称他的师父喇
木占巴喇嘛又转生于世了，请求清廷派人去参加聚会，理藩院认为不必
派员去参加。皇帝对他们的决定表示赞同，并对蒙古人迷信喇嘛说出如
下的看法：

> 蒙古之性，深信诡言；但闻喇嘛、库图克图、忽必尔汗，不

详其真伪，便至诚叩头，送牲畜等物，以为可以获福长生，即至破荡家产，不以为意。而奸究营利之徒，诈谓能知前生，惑众欺人，罔取财帛牲畜，以累佛教。诸蒙古笃信喇嘛，久已惑溺，家家供养喇嘛，听其言而行者甚众。应将此等诈称库图克图者严行禁止。

康熙三十九年三月初二日，当清朝使臣去蒙古时，皇帝又下令说：

蒙古唯信喇嘛，一切不顾，此风亟宜挽易，倘有喇嘛等犯法者，尔等即按律治罪，令知惩戒。

从以上这些清方官方文献的记录中，似乎可以给我们一个印象，几乎三十年如一日的皇帝是厌闻喇嘛之言，对喇嘛的印象是差极了的。可是我们从康熙皇帝一生的行事中，看到他对不少喇嘛是崇敬有加的，对藏传佛教喇嘛教并非是着意排斥的。现在且略举数例，说明康熙与喇嘛以及喇嘛教的关系。

先就与皇帝宫廷有关的来说：康熙二十二年，皇帝于二月与九月间两度亲赴山西五台山，并登上最高的菩萨岭，拜诣神佛，为祖母孝庄太皇太后"致祈景福"，并且颁发帑金修缮五台山的庙宇，他又亲自御书匾额，颁布各寺，"珠林紫府之间，烂若云汉焉"。他对五台山的喇嘛寺庙不能说不礼敬了。

康熙二十四年八月二十八日夜晚，皇帝的祖母突然中风，第二天一早，慈宁宫的花园里就有四十八位喇嘛一起在诵经，为太皇太后祈求康复。皇帝如果排斥喇嘛，宫中又怎么能让喇嘛们做出如此大规模的活动？

康熙二十五年初，皇帝又为庆祝他祖母七十四岁生日，特别命人铸造了一尊七十三厘米高的黄铜镀金四臂观音佛像，并在佛像莲花座下刻上满蒙汉藏四种文字的铭文，以"永念圣祖母仁慈，垂佑众生，更赖菩萨感应，圣寿无疆"。这尊佛像后来一直供奉在慈宁宫的大佛堂中，可见宫中是可以礼拜喇嘛教的神佛的。

康熙年间，皇帝又在京师与外地建造过不少喇嘛寺庙，其中最著名的有热河行宫一带的溥仁寺、溥善寺以及畅春园内的恩佑寺、南苑的永慕寺等。皇帝既热心建庙，当然谈不上他是一位排佛灭佛的君主了。

除此以外，我们还看到不少康熙皇帝下令要喇嘛为政府服务的记事。例如：

一、为皇室祈福祈寿。康熙四十七年夏天，皇帝虽人在承德行宫避暑，但他下令京城中应自八月初一日至初七日，由喇嘛们"尽力诵《甘珠尔经》，若一寺喇嘛不足，则令二寺合念。五十喇嘛在中正殿、永宁寺诵经，亦令和尚在报国寺、广济寺诵经"。不但如此，在诵经完毕之后，他还要大臣们向他报告"各寺诵念次数"。康熙四十八年八月中旬，又下令动员二百一十六名喇嘛在中正殿诵经。接着又在永宁寺、圣化寺、广慈寺等处诵经二十一天。诵经如此大规模而且频繁，能说皇帝厌恶喇嘛吗？还有每年的三月十八日皇帝寿诞之前，各地官员都纷纷上奏报告他们请喇嘛、和尚在寺庙诵经，为皇帝祈福，"敬祝万寿无疆"。皇帝显然是不排斥喇嘛的。

二、为国家祈雨祈晴。清朝皇帝受了汉人文化的影响，在久旱不雨的时候，会下令祈雨，这类记事在清宫档册里屡见不鲜。康熙三十年因天旱内务府请了道士祈雨，皇帝在他们的报告又批了令"喇嘛们黾勉祈雨"，似乎说明皇帝对喇嘛更有信心。康熙四十九年五月初四日清宫旧档里又见"令京城以前祈雨之众喇嘛祈雨"。第二年，皇帝在承德避暑山庄，先因夏天不雨而下令要喇嘛们祈雨，后来又听说京城中有"发烧头痛"的流行病而再下令命"喇嘛停止祈雨，命喇嘛在寺庙诵《甘朱尔经》"，为众人祈福。有时因为连月阴雨，不利农耕，皇帝也下令喇嘛等出家人祈晴。如康熙五十二年六月十四日礼部尚书赫硕的奏报中就提到"由十四日起至十九日止，永睦寺、永宁寺、察罕喇嘛庙三处，照例由广储库领取钱粮，

四十一

命喇嘛诵经祈晴"。

皇帝对喇嘛并非深恶痛绝。

以上事实，也许给我们一个印象，即康熙皇帝对喇嘛的态度是前后不一的，是时好时坏的。实际上我个人以为康熙皇帝对任何宗教都谈不上什么虔诚信仰的问题，他的抉择重在实用与功利方面。因为他的祖母来自蒙古，一生笃信喇嘛教，他为了对祖母感恩尽孝，便亲自奉祖母上五台山礼佛，为祖母造金佛祝寿。又由于汉人的天人感应学理，他虔敬地命喇嘛祈雨祈晴。为了统治蒙古，他不惜重金建造承德行宫的喇嘛庙。可是他不想蹈蒙古人的覆辙，愿意遵循祖先训示，只利用喇嘛服务而不入其教。同时他要作为尊孔崇儒的道统仁君，他必得在儒臣面前表示生来厌闻喇嘛佛法了。正如西洋传教士张诚所说的："出于政策，（皇帝）才仁慈地使用他们（指喇嘛）。"

康熙皇帝为了统治汉人的国家以及他个人的爱好，他服膺理学。加上他研究中西医学有相当的造诣，所以他对于道家的一套养生、长生的方法是不很相信的。他曾在不少的场合，公开表示过这方面的看法并发表过言辞严厉抨击的。

康熙二十八年二月，他南巡到南京，有一个叫王来熊的人向他敬呈上一本《炼丹养生秘书》，他不看内容就随即对大臣们说道：

> 朕经史之余，所阅载籍多矣。凡炼丹修养长生及师巫自谓知前者，皆妄诞不足信，但可欺愚民而已。通经明理者，断不为其所惑也。宋司马光所论甚当，朕有取焉。此等事朕素不信，其掷还之。

康熙出巡时，凡有人民进献物品，他都会很礼貌地接受，并还赠礼物，以示他仁君之体。王来熊送他炼丹养生的书，即使不信，也不能"其掷还之"，这与康熙平常的作风大不相同，显然他是表现对道家的不尊崇，以及对儒家理学信仰的执着。

第二年，皇帝在宫中读中国古代历史，他看到唐宪宗时裴璘批评柳泌之药不可服用的事，也发表了他个人的意见说：

> 金石性烈，烹炼益毒，从古饵之被害者众矣。后人犹蹈覆辙，何也？夫金石不可饵，即养生家服气之说，亦属矫揉。朕尝体中小不平，寻味参同契诸道书，殊无所益。静览性理一编，遂觉神志清明，举体强固，足见方士言皆不可信。

康熙皇帝的这番话，清楚地说明了炼丹之药或是道家气功等事都不可信，以他自己小病的经验，还不如读一些性理的文章有益处，他把道家方士们一直强调的丹药与练功说成是一无是处。

事实上，康熙对道家与道教都是印象不好的，这从他对魏唐时代君臣崇信道教的一些批评言论中可以窥知，例如他说：

> 崔浩精研经术，练习政事，洵魏臣之杰出者，其不信佛尤度越时俗，卓然高蹈。何乃师受道士之术，而崇奉尊礼之，且上其书以蛊惑君心，得罪名教不浅。

又说：

> 唐高祖惑于妄诞之言，遂以老子为祖，而为之立庙。至高宗明皇，复恢张其说，崇信不疑，何所见之皆左耶！

康熙对唐朝皇帝尊崇道教，以老子为祖，颇不以为然；对崔浩宣扬道教视为"蛊惑君心"，他对道家、道教的看法可以想见了。

不过，到了康熙晚年，皇帝似乎对道家的练功看法有了改变，我们从珍藏从深宫中的几件档案里可以看出这一事实。皇帝曾经命令范弘偲与太监李兴泰、冯尧仁等人悄悄地去向一位道士学练功，范弘偲后来向皇帝报告说：

> 奴才范弘偲同太监李兴泰、冯尧仁诣王真人所，一一钦遵圣谕，不敢显露，微叩其端，言皆根据先天，贯通三教，毫无勉强作劳苦搬运之烦，纯以自然无为存神顺化为本，似真得为己之学者；但工夫口诀，不容轻授，须蒙谕旨，方露言诠。且云：上根利器片刻得效，中资旬日得效，最下亦不踰月，必见端倪。细察其言，平考其行，得正传无疑。惟得秘之缓急强弱，试后方知耳。

范弘偲的报告显然是相信这位王真人的修为功夫是"得正传无疑"，只待皇帝决定下一步工作了。

康熙可能对这位道士王桢已经有了一些了解，所以才命令范弘偲与太监前去实地探查一番。现在范弘偲进呈了这样的报告，康熙觉得还有深入试探的必要，所以他在范弘偲的报告上批了：

> 知道了。王桢之传，朕亦留过心。但少疑者，他本人所言。工服到时恐误政事，已入道之后，又怕不能脱身，故先试一二人光景如何？

皇帝既然批了"先试一二人光景"，看看情形，范弘偲便领着太监们去体验一下练功的实情了。经过一些时间的练习，范弘偲又向皇帝报告练功的心得。他说：

> 自初十日送驾后，随即如法危坐，直至饥时乃出静候。食

毕，略步一刻，即仍前坐。初时目前一片空明境界，片晌觉目前
有大片黄黑相战，腹中暖气腾起，后但见纯黄色，而暖气竟不断
绝，一时辰后，便身心晦冥，似睡非睡，又明朗如初，此似道家
入杳冥之说也。大约一时之顷，必杳冥一回，而杳冥之候，尚不
满杯茶之久。出定后询之王桢，云：是将会合兆也。目下所得景
象如此，太监李兴泰、冯尧仁坐时，更比以前静定，亦能耐久。
谨此奏闻。

　　康熙见了这份报告，他仅批了"再看"二字，显然皇帝的兴趣不大，
没有即刻就去做这种"危坐"练功，试尝"杳冥"的滋味。若是我们将早
年他掷还王来熊炼丹专书，或是大肆批评古代君臣崇道的言论的事作一比
较，显然他晚年有了一些转变。

　　康熙何以对道士术数之事前后有不同看法呢？我个人认为可能与他的
健康情形有关。他从废黜皇太子以后，身体情形大不如前，真是心力交
瘁，如他自己所说的"诸病时作"。轻则风寒感冒、心跳不宁、睡眠不
稳，重则头晕、脚肿，走动都"须人扶掖"。他为了治病养生，一向不喜
饮酒并视酒为有害物品的他也大喝起西洋葡萄酒了，因为西洋人告诉他那
是"大补之物"。他派范弘偲等人去练功，相信也是为强身养身的。因为
他怕误了政事，甚至到"入道之后，又怕不能脱身"，他终于决定不练道
家的这套"危坐"之法，可见他并没有失掉理性，真正改变他对道士炼
丹、练功的观感。

四十三

康熙皇帝与西洋文化

康熙皇帝是位好学的人，他不但勤读中国古书，他也忙里偷闲地研习西洋文化，实在是中国古帝王中不多见的。

西洋有一批传教士，在明朝末年就来到了中国，其中还有一些担任过明朝中央的官员。清朝入关以后，洋人官员也投降了清朝，因为他们是天文气象方面的专门人才，所以继续让他们在钦天监里留任服务；汤若望就是其中的一位。

康熙即位时正好碰上中西历法的争议。事实上，这是一场中西文化之争，也是一场满洲守旧派人士与维新人士之争。康熙三年，钦天监里守旧的、卫道的一派人不满洋人在中国当官，趁着顺治死后不久，鳌拜等辅政大臣专权时，由杨光先领头，再度弹劾汤若望。鳌拜等赞同恢复采用旧历，并把汤若望一些洋官逮捕入狱。后来因北京发生大地震，鳌拜等以为上天的示警，便释放了西洋人，但汤若望重病在身，出狱后不久便病逝了。不过他的助理南怀仁（Fordinund Verbiest）等人暗中继续进行天文观测与推算，为对杨光先等报复做准备。康熙七年，皇帝亲政后发现杨光先等人推算的结果常常不正确，鳌拜的专权又令皇帝不满，正好此时有人弹劾杨光先，康熙便旧案重提，让南怀仁与杨光先两人当着皇帝的面考验大家推算结果的孰是孰非。由于杨光先错误百出，南怀仁的推算正确无误，康熙便废除了传统使用的《大统历》与《回历》，而宣布采用西洋人编制的《时宪历》，严重处分了杨光先，并命南怀仁重回钦天监任职。

经过这场历法之争，康熙皇帝开始接触到了西洋自然科学，由于他是一位求真求实的君主，从此对西洋文化发生了兴趣，并开始向南怀仁学习西方自然科学知识。不过，皇帝当时年轻，而且相当理智。他虽学习又爱慕西洋科学，但并不信仰西洋宗教，在康熙八年，他还下过这样一道命令：“其天主教，除南怀仁等照常自行外，恐直隶各省复立教堂入教，仍着严行晓谕禁止。”只是这一禁令并没有严格地执行。

康熙皇帝喜爱科学的消息传到了西欧，法国便由国王资助派来了一个专家团，于康熙二十年代来华，白晋（Joachim Bouvet）、洪若翰（Jean de Fantaney）、刘应（Claude de Viedelou）、罗先德（Rhodes）、安泰（Rousset）等人都是其中的成员。他们一行到中国后，先学会满文与汉文，然后经甄试再进入内廷为皇帝服务。据西洋传教士们记述，当时皇帝向传教士们学习的学科很多，包括数学、天文、地理、医学、哲学、拉丁文、音乐，甚至解剖医学等等。白晋说：“康熙每天都宣我们进宫去给他讲课。他听课很认真，重复我们所讲的内容。……在五六个月的时间里，康熙已经掌握了几何学，能够即刻说出他所画的几何图形的定理及其证明过程。他对我们说：《几何原本》他至少读了二十遍。”白晋又对皇帝的学习精神作了如下的描述：“这位皇帝的学习是异常仔细用心的，无论是几何中的棘手问题还是我们拙劣的语言，都不能使他泄气。”“康熙带着极大的兴趣学习西方科学，每天都要花几个小时同我们在一起，白天和晚上还要用更多的时间自学。……尽管我们谨慎地早早地就来到宫中，但他还是经常在我们到达之前就准备好了，他急于向我们请教一些他已经做过的一些习题，或者是向我们提出一些新的问题。”

除了数学之外，康熙曾向南怀仁等学地理，徐日升（Thomas

Pereira）等学音乐，张诚（Joannes F.Gerbillon）、白晋、罗先德、安泰等学医学。南怀仁特别为皇帝编写《坤舆外纪》等书，让康熙了解世界各洲各国的情况，这不仅引发了后来皇帝派人远赴欧洲与俄国去访问，以增加互相的了解，同时也使他自己热烈搜寻有关中国各地包括"边徼遐荒"的地理资料。至于医学，张诚日记中也说："我们已经写出一些资料，……论述消化、营养、血液变化与循环的稿子……皇上仔细翻阅，特别关于心、肺、内脏、血管等等部分。他拿起稿子与一些汉文书籍上的有关记载互相对比，认为两者颇为近似。"尤其在康熙三十二年皇帝患了疟疾，中医久治不愈，他服用了传教士的奎宁丸（金鸡纳霜），药到病除，因此他对西医西药十分崇信，更深入地向西洋人学人体解剖学，并在宫中特辟场所，让白晋等人为他制造西药，供他自己、皇家人等以及赏赐他亲信的臣工之用。

康熙是个务实的人，他很重视学以致用。他学了西洋天文学，便经常到京城的观象台亲自观测天象，也拨款给南怀仁等制造天文仪器，如天球仪、黄道经纬仪、赤道经纬仪、地平经纬仪等等，又鼓励南怀仁写书，记述新仪器的制法、用法、安装法，后来成书十六卷，名为《灵台仪象志》，以便后人使用这些仪器。

数学是皇帝学习最有心得的一门学科，他不但命传教士们把几何、三角等有关的科目编辑成几十种满、汉文的教科书，同时他自己也曾在畅春园里以所学的传授给几位国内的数学家，以加强他们的专业知识。

地理学的学习成果也很辉煌，最后由传教士与清朝的一些专家，共同完成了中国各地区的测量勘查，绘制成了一部《皇舆全览图》，是"当时最好、最精确的地图"。康熙皇帝本人也利用所学的地理知识，在亲征外蒙厄鲁特途中，随时记录下地貌、地质、水利、农业等有关资料，以作为行军作战的参考之用。另外，他也命人去探测长江与黄河的源头，并将自己的知识应用在黄河、淮河、永定河等水患治理工程上，对当时的河道官员们提供过协助。

皇帝不但把学到的西洋科学知识应用在很多事物上，同时他也尽量利用西洋传教士们的专长，帮助清朝向前发展。例如在三藩动乱期间，他为了对付吴三桂等的强大反叛力量，让南怀仁试制新式火炮，结果完成了四百四十多门，并训练好二百多名炮手，一时大大地增强了清军的实力，在湖广、陕西、江西等地战场上都发挥过很大的功效。后来南怀仁因此得到皇帝赏赐御用的貂裘，并被升官为工部右侍郎。

康熙又曾利用西洋传教士的外语能力为他去办理外交，例如早期荷兰使臣入京"朝贡"兼谈自由贸易之事，传教士就当过传译人员。康熙三十七年白晋代表清朝政府返回法国觐见国王，请求法国多派科技人员来华，后来国王允准，在当时也是中法外交史上一大盛事。当然最著名的事件是康熙派西洋人徐日昇、张诚等随清朝代表团去尼布楚与帝俄谈判，缔结《尼布楚条约》了。

康熙年间，西洋传教士有为皇帝授课的，有为清廷办事的，他们大都接受了清廷的官职，领取朝廷的俸禄，还有些人是老死于中国的。他们如此卖力地为清廷工作，事实上是为了传教，希望能将天主教义在中国广大的土地上传布开来。康熙在教士们完成造炮、顺利签约等服务之后，也确曾放宽了教禁，下令天主堂照旧存留，信徒照旧行走，"不必禁止"。然而在康熙的内心深处却是排斥西洋宗教的，而且担心"海外西洋等国，千百年后，中国恐受其累"的，所以到教皇派专使来华，宣布中国教徒不可崇拜偶像，干涉清廷内政、侵犯康熙皇权，禁教的命令立即颁发了，因为皇帝总是务实地以国家与政权为先。

康熙与传教士的交往既是互相利用，各有目的，因此大家对外来文化的接受也都是有选择性的了。以康熙而言，他以实用为主，所以对文化器物层面的兴趣为高，没有更深一层地向制度、行为、心态文化的核心内层推动，加上中国传统理学是当时文化的主流，提倡科学是很难的，所以康熙时代传入中国的西洋文化不能在中国土地上生根，更谈不上结出成功的果实来了。

康熙遣使欧洲

康熙年间，由于西洋传教士在宫廷服务，使得皇帝获得了不少西欧知识，尤其西欧的科学新知，他更是感到兴趣。他曾经几次利用西洋教会的人才，派遣他们作为清廷的使节前往欧洲，进行敦睦邦谊的工作。不过，当时交通不便，出使的传教士有的在海上遇难，有的下落不明，有的返欧后未再来中国，因此几乎都没有达成交流的任务。康熙三十七年（公元1698年），皇帝又派了法国传教士白晋出使，带了很多书籍作礼物，专程回到他的祖国法兰西去觐见国王路易十四，请求国王同意他征集科学技术方面的专家传教士来华。法国国王本来就有向外发展的心意，又看到白晋在中国如此地受宠，很是高兴，除嘉奖白晋之外，并大力赞助他招募人才。白晋当时在巴黎俨然成了清朝的代表、东方问题的专家，很受各界重视。两年之后，他带着十多位学有专长的传教士回到中国，这批专家当中，如巴多明、雷孝思等人，对日后完成绘制《皇舆全览图》有很大的贡献，也有的在天文、医学以及译书方面为清廷做过不少工作。白晋充当清朝使节赴欧，可以说是获得很大成功的。

由于天主教的关系，康熙皇帝对意大利也是十分重视的。他一直想派人去做些了解与联络的工作。康熙四十六年（公元1707年），山西省平阳县一位中国籍的天主教徒，名叫樊守义，他奉清廷之命，随一批西洋传教士一同前往欧洲。樊守义等一行乘船经好望角，绕道南美洲的巴西，过葡萄牙，直到康熙四十八年春天才到达意大利的热那亚，此后他在罗马等地留心学习了十年，于康熙五十八年（公元1719年）春由葡萄牙启程回国，第二年夏天抵达广州。他回国后曾经得到康熙皇帝的召见，"赐问良久"，他也将在西欧的所见所闻，一一向皇帝报告。据说当时不少人对他的意大利阅历感到兴趣，向他"殷殷垂顾"。

樊守义后来将他的意大利生活见闻，写成了一本小书，名为《身见录》，这部作品可能是中国人所写的最早一本游欧记事专书。《身见录》虽然仅有六千多字，但在中意文化交流史上具有相当重要的意义。樊守义在意大利住了十年，很熟悉当地的事物，虽然他说《身见录》的文字是他"一一追思"下来的，但是简单而能得其大要。例如他说热那亚这座城市的情形是：

> 王公大族，门楼峻大，金银珍宝，容人觇玩，在西洋郡称是国为冠也。所盖之精，宫室之美，人才之盛，世家之富，难以尽述。城外则近海有大小洋船百余，建塔于海口，每夜有以口灯照远客船。

这是对富庶的、进步的热那亚商港的一些描写，可以说相当逼真而动人。

《身见录》里也谈到意大利的工业大城都灵（都利诺），樊守义在那里看到"罕见稀奇之物"，"用一大架，水盘上用一巨木为柱，柱上又小转轮数个，不用人力，其轮自转作就丝线，旁着二人可抵五六百之工"，这是水力纺织机。另外"有巨木欲为板者，不用人力，乃制之水中，其锯自能推收其木，又用一绳，自能伸缩相凑，便成为板矣"，这是水力锯床。这些"稀奇之物"都是文艺复兴运动以后欧洲发展出来的工业技术。

樊守义在他作品中描写得最多的还是罗马,他说那里是"古来总都,城围百里,教王居焉","公侯家,绣缎饰墙,金花镶凳,宝器无价,摆设床帐,不啻万亿","邻邦货物,靡不悉具"。羡慕之情,溢于言表。他也谈到教皇接见他的情景,也记下不少他曾去游览过的名胜古迹,对教堂的着墨也很多,尤其是梵帝冈大图书馆给这位好学的天主教徒印象更深刻:"有大书库,库列大橱,无论所藏经书之多,即书柜书箱,总难屈指。开辟迄今,天下万国史籍,无不全备。"

此外,《身见录》中还记述了那不勒斯"有山出火烟"的维苏威火山。佛罗伦萨的"宫殿、露台、堂殿、学宫、修道院与罗马府相同"。总之,樊守义的记游作品文字虽不多,但内容却是丰富的。特别是他所描绘的那些"罕见之物"、那些工业产品的新发明,没有能影响到当时的中国,让中国工业界有所借镜,实在可惜。

白晋与樊守义是康熙皇帝派往欧洲使臣中两位成功的案例,他们不但增进了当时中国与法、意之间的邦谊,也对中西文化交流做出了不少贡献。

四十五
康熙与中国古籍的西传欧洲

      康熙皇帝勤奋好学，他除对中国学问有精深的研究之外，对西洋科学也相当爱慕并虚心接受。他认为西洋的天文历法，"大端不错"，因此在"万几余暇，即专志于天文历法二十余年，所以略知其大概"。他曾在宫中养心殿特辟专室，由西洋教士南怀仁、张诚、白晋等人为他讲解天文、数学、外文等科。他对西学的兴趣很广泛，举凡医学、生物、音乐、美术、农业、地理等等，无不涉猎，而且注重实用。他曾下令制造科学仪器、设局生产西药、丈量测绘地图、改良农业品种，将西洋科学知识应用到国家的实际利益上。

      由于康熙重视中国的学术研究，又提倡西洋科学，当时在华的欧洲传教士为了赢得皇帝的欢心，也为了能顺利地在中国传教，他们便学习汉文与满文，研读中国古籍，了解中国风土民情，因而传教士们几乎个个都成了汉学专家了。他们当中有不少人从事著述工作，将一些中西书籍翻译成书，或是写作专题报告，有深度地传布中西文化。中国古经书的内容也就由此西传到了欧洲。欧洲来华的传教士翻译过不少中国古籍，以下是著名的几位：

刘应（Claude deViedelou）曾译《易经》部分。

卫方济（Francois Nöel）译《四书》。

白晋（Joachim Bouvet）作《易经大意》。

冯秉正（Joseph deMailla）译《通鉴纲目》。

赫苍璧（Emeric deChavagnoc）译《诗经》。

在以上几位康熙时代翻译中国古籍的良好基础上，后来更进一步地得到发展，又有孙璋（Alexander de la Chaome）译《诗经》、《礼记》；蒋友仁（Michel Benoist）译《孟子》；宋君荣（Antoine Ganbil）译《书经》；钱德明（Jean J.Amiot）作《孔子传》等等，这些中国古籍以拉丁文或法文译成，随着传教士的返国而传播到了欧洲，一时使欧洲学界对中国传统文化、礼仪、哲学等有了深一层的了解，比起以往只是陶器瓷器以及丝绢等器物文化交流现象来，确实有了很大的进步、很深远的影响。

西洋传教士翻译中国古籍的工作虽然自明朝末年利玛窦等人来华时即已开始，但是翻译内容广泛涉及到《四书》以外的各经书则是从康熙朝才有的现象。这固然是与传教士们中国语文能力增强以及对中国学问造诣精深有关，但是有些是康熙朝为他们营造的有利环境也是值得我们注意的。例如：

一、康熙皇帝自幼研习中国儒家经典，尤其在经筵讲学时，编制了很多讲章。如《日讲易经解义》、《日讲书经解义》、《日讲礼记解义》、《日讲春秋解义》等等。后来又编纂了如《御注孝经》、《孝经集注》、《书经传说汇纂》、《礼记义疏》、《诗经折中》、《周易折中》等专书，给中国古经书作了新的整理与综合的研究，很能使学者有所折衷，便于参考利用。西洋传教士有了这些有利的参考资料，如果再得中国学人的协助指引，当然就容易从事他们的翻译工作了。

二、另外一个给西洋传教士更大更多便利的是康熙朝将很多的中国儒家古籍翻译成了满洲文本。欧洲传教士来华后因为要与皇帝及满洲权贵们

四十五

康熙与中国古籍的西传欧洲

联络，他们通常都兼学汉文与满文，而满文是拼音文字，对欧洲人来说容易学习，不少传教士认为"满文与欧洲语文有相同风格，有方法与规则，一个人可以很清楚地看得出来"，他们坚信"五六年的时间足够任何一个有活力的人获得好的知识，去阅读所有满文书，从而得到益处"。传教士们学会了满文，又有满文本的古经书可以参考，当然对他们的译书工作事半功倍了。康熙时冯秉正在翻译《通鉴纲目》时就坦白地说过："完全靠了满文的知识，才有信心从事这部著作的翻译。"后来的钱德明、孙璋等人也都不讳言他们的译书很多得力于满文本。事实上，若是我们从中国古籍译成西文的时间上看，似乎也能得到证明。例如满文本的《四书》翻译得较早，传教士将《四书》译成西文的时间也较早。满文本的《易经》到康熙二十二年才开始问世，在此之前，我们也看不到西文的《易经》译本，就连节译本或是概要、大意一类的书也无人著作。可是到康熙中期以后，不少西洋传教士先后对《易经》从事翻译与著述了。由此可知，中国古经书的西译以及日后的西传，多少是与满文本儒家经典出版有关的。

我们知道：中国与欧洲世界的接触历史是很久远的，不过早期的双方交往，在深度上与广度上都不够，只是丝绸、茶叶、瓷器等的器物贸易，双方人员的往来以及一些地理知识的交换传布而已。13世纪意大利商人马可·波罗（Marco Polo）来华，由于他在中国居留的时间较久，又亲身游历中国各地，归国后写成他的游记，因而使欧洲人对中国的地理位置、风俗人情以及历史文化有了大略的了解。明朝末年，有一批饱学的西方传教士来到中国，他们带来了先进的科学知识及其产品，让当时中国部分人认识到了西方文化与文明，并促发了中国人对西洋科技的研究兴趣。然而为时不久，中国发生明清易代的大变局，随之而来的是政治动乱、社会不安，因而文化交流在中国或西欧的影响不大。到康熙亲政以后，社会秩序逐渐恢复，加上帝王雅爱西洋文化，并大力提倡，使得西欧科学在中国传布开来。另一方面，由于传教士们翻译中国古籍，向欧洲介绍中国文化思想，并不时地以书简报道中国当时的国情以及一些传统的风土人情知识，也令欧洲人更深一层地认识了古老的中国。康熙时代的中西文化交流是双向的，是兼有物质与精神多方面的，可以说是中西文化交流史上的一个新起点，而康熙皇帝在其中曾发生过一定的作用，做出过不少的贡献。

四十六
康熙与台湾开发

　　郑克塽降清以后，清廷君臣当中不少人认为台湾是乱源之地，皇帝就说过："台湾属海外地方，无甚关系，因从未开化，肆行骚扰，滨海居民，迄无宁日，故兴师进剿。即台湾未顺，亦不足为治道之阙。"又说："海贼乃癣疥之疾，台湾仅弹丸之地，得之无所加，不得无所损。"由此可见，康熙皇帝对台湾的顺逆得失，似乎看得不很重要。只是因为"滨海居民，迄无宁日，故兴师进剿"的。甚至还有大臣如李光地向皇帝说不必留守，"应弃"。并且建议："空其地，任夷人居之，而纳款通贡，即为贺（荷）兰有，亦听之。"所幸有施琅上《台湾弃留疏》，强调台湾是"肥饶之区、险阻之域"，乃"江浙闽粤四省之左护"，守住台湾可以"资皇上东南之保障，永绝边海之祸患"。尤其指出荷兰人"无时不在涎贪，亦必乘隙以图"，如果台湾被荷兰取得，他们定必"合党伙窃窥边场，迫近门庭，此乃种祸后来，沿海诸省，断难晏然无虑"。后来又有李霨、王熙等大臣奏称："台湾孤悬海外，屏蔽闽疆，弃其恐为外国所据，迁其民虑有奸宄生事。"他们认为"以守为便"，"应如琅议"。皇帝乃决定"弃而不守，尤为不可"，最后留守台湾了。

康熙二十三年（公元1684年）四月，清廷划台湾为一府三县，隶福建省。府治设在东安坊（今台南市），以明郑的旧天兴州为诸罗县，分旧万年州为台湾、凤山二县。台湾位于三邑之中，又名中路，东至大山，西至大海，广四十五里，南以二层行溪与凤山县为界，北以茑松溪与诸罗县为界，南北约三十六里，而澎湖地区在当时归台湾县管辖。凤山县东北与诸罗县交界，西北临大海，北与台湾县犬牙交错，南至沙马矶头（今恒春猫鼻头），全县东西广三十五里，南北长二百七十五里。诸罗县东界大山，西抵大海，南界凤山县，西南界台湾县，东西广五十一里。北至大鸡笼，另外包括现今宜兰、花莲、台东各地的卑南觅也在县境内，所以南北县境九百多里。当然这些是根据旧地方志计算的道里数字，应该不是完全正确的。

在以上三县中，各县政府的办公所在地分别是在现在的台南、高雄与嘉义三处，但是收复之初，因为南北两路"蛮烟未开"，县衙门的主管们不敢到僻远的治所上班，乃采取临时的措施，凤山县暂时附在府衙门台南市内，诸罗县署则暂驻佳兴里（今台南佳里镇）办公。由于北路诸罗县治区辽阔、多未开发，所以常有动乱事件发生，如吴球在康熙三十五年闹事，四十年又发生刘却之役，颇令清廷与福建地方官烦恼。康熙四十五年，诸罗县令遵长官命令到诸罗山（今嘉义）归治办公，其时距设县之年，已是二十余载了。

尽管凤山与诸罗的县令已归治办公了，但是两县，尤其是北路，开发事业还是很慢，这其中的原因固然很多，而中央的态度应该是最重要的。现在就抄录两份以往不为人知的满文奏折作为说明。

康熙五十三年十一月十五日，福建巡抚觉罗满保上奏说：

> ……又查得，台湾县地域狭窄，方圆不足五十里，凤山县宽约五十里，长近四百里。惟诸罗县地虽宽五十里、百里不等，然长近千里。其地虽有三十六社番人及从内地去民人设庄耕田甚

多，但因地广，未开垦之地仍然极多，据言土地亦为肥沃，故奴才交令新调往诸罗县知县周钟瑄尽力招工开垦。至于未开垦之地实有几何，仅以本地民力能否开垦之处，俟查明后再作筹划。诚若该地俱行垦出，则于地方有益，对钱粮亦有益处之事。……

满保的这份报告应该是正确的，他想开发台湾当时的北路，以增加农产、增多钱粮；可是康熙皇帝却有另外的考虑，他竟给满保如此一个回答：

> 在台湾地方广行开垦，招募很多人，乃为眼前耳。日后福建地方无穷之患，将由此而生也。尔等宜应共同详商，不可轻忽！

显然皇帝是怕开垦的人多了，将来可能成为后患，他是不鼓励开发台湾的。

满保看了皇帝在他奏折上的批语之后，于第二年四月初三日，赶紧又呈上一份奏报，说明他已改变想法了，报告中有一段文字是：

> 奴才仰见皇上圣旨，比日月犹明，博闻远虑。台湾若垦地增多，人必多聚，海外之地关系重大。奴才至愚极陋，不能悟知，蒙恩训导，顿开茅塞。总督范时崇仍驻浙江衢州府，尚未返回，故奴才当即恭抄圣旨送览。总督范时崇亦亲笔作咨，盛赞圣上知识渊博。今奴才等共同详议，台湾垦田之事，即行停止。惟查明台湾当地人，严巡三县各关口，制止私渡。……奴才向来昏愚无能，现在惟日夜遵照圣训，竭力施行，为此谨奏，并叩谢圣主训示之恩。

台湾北路的开发计划也就因此停办了，可见中央是不希望岛内有太多人聚集的。正像康熙对开矿、治河等大工程一样，只要人多了，怕他们"妄行不法"、"恐生事端"，为了"务求安静"，一切对地方有益的事都可以停办，免得动摇了国本。康熙年间台湾没有积极开发，原因即在于此。

四十七
康熙重视台湾原住民才艺

　　早年台湾原住民中，有些人在体育与音乐方面具有特殊的天赋才能，他们的杰出表现在明清时代就闻名了，曾被一些当时的作家写在他们的专文中。不过，旧时代的文人受到中国传统夷夏文化偏见的影响很深，他们对台湾原住民的称呼，就像对所有中国周围其他族群的称呼一样，常以不雅的"蛮"、"番"等名为称，这是时代的局限，也是无可奈何之事。现在我就先抄录出一些作家对早期台湾原住民中有特殊才艺人的记录，看看他们观察或得自传闻的若干情形。

　　何乔远在他的《闽书》中说：

　　　　东番夷，昼夜习走，足皮厚茧，履棘刺如平地，速不后奔马。

　　林谦光的《台湾志略》则记：

　　　　（山番）复制二铁卷如小荷叶，名曰萨头宜，系于左右手腕，腕上先带三棱铁镯，走送公文时，两物相击撞，叮当远闻，瞬息间已十数里。

又说：

山番善走为雄，……十余岁时，即编藤箍围腰间，束之使小，利疾走。

郁永河的《稗海纪游》中也记著：

诸罗、凤山番，其升高陟巅，越箐度莽之疾，可以追惊猿，逐骇兽。

满洲官员六十七曾在台湾做官，曾著有《番社采风图考》一书，其中说：

内山有社，名曰嘟啯，其番……足趾如鸡爪，上树如猿猱。

又说当时的原住民"从幼学走，以轻捷定胜负，练习既久，及长，一日能驰三百余里，虽快马不能及"。

此外还有如《东征集》里也称："生番穿林飞箐，如鸟兽猿猴"，这也是说台湾原住民善于走路的。以上的这些记述虽然有些夸张，但赞美当时原住民特殊"疾走"功夫与才能是一致的，值得我们加以注意。

康熙二十二年，郑克塽投降了清朝，清廷随后即在台湾设一府三县，隶属于福建省。康熙皇帝是一位具有求知欲的君主，他又关心地方事务，特别是刚刚内附的台湾，他更是加倍地关注。他曾经为改良台湾西瓜品种，把宫廷里的优良西瓜种子发放到福建，并命令派人带到台湾来试种。

他也将台湾盛产的南国佳果芒果树移植到北方，希望能繁殖传布。对于台湾原住民中的杰出才艺人士，他当然也不会放弃对他们进一步了解的机会，地方官员也知道皇帝有这方面的兴趣，因此就有选拔善跑台湾原住民进京的事了。在现存的满洲文清宫档册里，有这样一份报告：

> 福建浙江总督奴才觉罗满保谨奏：为奏闻事。窃奴才于本年四月巡察浙江途中，曾派千总李岩去台湾寻觅善跑之马达番子。七月千总李岩选马达番子十名携至。经查问，其皆为台湾诸罗县属北路之熟番子。彼处番子自幼习跑，且以快、耐远为尚，试验之，焦力烈等七番子善跑。据伊等言：台湾皆为沙地，彼等一日可跑二百里。来内地观之，多为石路，未必能跑二百里，等因。据察该番人等胆小怯法，寡言少语。彼等亦愿出力，故留此七番子，另外三名番子，彷佛有病，故赏给银布，派人送回。所留七番子亦各赏银布米，并交付去者送到其家。再验看番子所用弓箭标枪，皆以竹子随意控制，粗糙无力，验看其狗，跑虽不快，然咬物有力，故选狗四只与七番子一并交付千总李岩带往京城，呈进圣主阅视，为此奏闻。

以上奏折是就满文翻译成的，康熙皇帝在看了报告之后，也用满文批了"试试看"。显然这七位台湾原住民在千总李岩的护送下到达北京了。觉罗满保上奏的时间是康熙五十六年七月十八日，相信这七位原住民到达北京应该是深秋时分或是同年冬季。他们在北京的活动如何，因资料缺乏，无从进一步查考。不过他们约在京城里停留了几个月，并且给皇帝的印象应该不差，因为到康熙五十八年三月二十八日觉罗满保又呈上另一份报告说：

> 去年送旧马达番子返回台湾时，奴才曾派标下千总李岩前

往，今已返回。验试其挑选携来之番子，邦雅等四番子跑得快，今打围。大耳番子中有二番子身上刺花。另外二番子会唱曲，用鼻子吹乐。而旧马达番子中有沙赖者自愿前来，故将此九番子一并交付千总李岩送往，谨呈圣主阅视。

由此可知：第一批送往京城的台湾原住民在康熙五十七年便由京返回福建，并再由李岩将他们送回台湾。李岩在台湾又选拔第二批能吹乐与善跑的人，并有自愿再赴京的沙赖一同北上京师，供皇帝"阅视"。康熙皇帝很爱好音乐，对能"用鼻子吹乐"的台湾原住民应该是会赏识，甚至会延揽加入宫廷乐队的。由于史料不载，我们也无法实证了。可惜三年之后，皇帝也病逝了，不然还会有台湾原住民中才艺人士渡海进京的事，也必定为台海两岸文艺交流史上增添更多佳话的。

四十八

康熙皇帝与台湾西瓜

　　台湾地区天气温暖，种植西瓜应该是容易得到收成的。不过，在有关的文献史料中，在17世纪以前，似乎还没有提到台湾生产西瓜的事。直到17世纪20年代，即明朝熹宗天启年间，荷兰人占据了台湾，他们在一份实地采访的报告里，写下南台湾果菜中有西瓜一种的记事。清朝康熙年间，台湾内附清廷，第一任台湾知府蒋毓英在康熙二十四年（公元1685年）初修《台湾府志》时，就在《物产》篇里谈到有西瓜的水果，并且还加注说："蔓生，汉时张骞西域得之，故名。台湾四时皆有。"可见当时台地盛产西瓜，而且是终年可得的一种水果。

　　台湾在归命清朝的变乱之后，"井里萧条，哀鸿未复"，垦拓发展是最重要的事。在设官治理、相土定赋、兴学开科、安抚土民之外，中央与地方对台湾的农业生产也十分关心，甚至连西瓜的培育也注意到了。福建巡抚觉罗满保在康熙五十二年（公元1713年）四月二十六日的满文奏折里首先透露了这方面的消息，他向皇帝报告说："窃照四月十一日，奴才家人返回，赍捧瓜子一匣传谕：着带此至福建试种。"觉罗满保即照皇帝指示在漳州、泉州等地即时播种，预计六月左右成熟。不过"台湾地方，俟九月、十月芝麻割后，方才种瓜，十二月成熟，故将瓜子留大半，派可靠之人带往台湾播种，待其成熟，再具奏闻"。到同年七月二十一日，觉罗满保又向皇帝呈报说："奴才派人携瓜籽一半，送往台湾播种，视十二月成熟情形，再具奏闻。"至于在福州、泉州、漳州各地所种的瓜都已有了收成，经他挑选了一些，"谨先行进呈御览"。皇帝收到他的奏报之后，忍不住地批写了以下的一些文字："此物（指西瓜），朕未曾令尔呈送，只是说在台湾地方试种，将此作为一事赍送，殊属不合，在福建种之何用！"可见康熙皇帝早先所赐瓜种，原想是要在台湾试种的，觉罗满保会错了意，乃引起皇帝的不满。

第二年正月初九，当台湾试种的西瓜运到福州之后，觉罗满保随即派专人将这批西瓜进呈京师，并附上奏报一纸，其中有"八月播种，十二月成熟，萌芽生长皆好。惟庄稼收割后，十一月雨水偏少，又水土尚未调和，故未能长大"等语，可见此次试种，不很成功。不过觉罗满保在报告最后还说："恭请圣主施恩，复赐大内所存西瓜籽，以便本年于台湾播种。"

同年十二月二十四日觉罗满保又向皇帝报告台湾西瓜的事了，他说："今年六月，奴才派人赍御赐西瓜籽至台湾种植，今携西瓜至。问之，言八月下种，雨水略少，十月正值生长之际，叶又生虫，故西瓜表皮稍有疤痕，而瓜瓤仍好。……今特派人赍捧御览，叩请圣主施恩，复赐大内西瓜籽，六月带往台湾谨种。"皇帝批道："已送去了。"由此可知：这一年的试种比前一年的为好，皇帝也继续将官中的优良西瓜籽"送去了"福建。

康熙五十四年西瓜在台湾也如期试种，但因为当年台湾有风灾而成果极差，觉罗满保说："九月十五日遇大风，藤断花落，损伤大半。"结果"大者只得四十余，继之生长者皆小，已不能再长大"，他"不胜惧畏"的将台湾送来的西瓜选了些好的恭进御览，在送瓜进京的同时，即康熙五十五年正月初九日，他又在报告中"叩请圣主再次恩赏内廷西瓜

康熙皇帝与台湾西瓜

籽",运到台湾种植。皇帝因为他在报告里写了"此皆奴才之罪,愈思愈加战栗"的话,因而安慰他说:"西瓜事小,有何关系!"并又赐下大内瓜种。

从此以后,直到康熙皇帝逝世的六十一年(公元1722年),每年皇帝都颁赐内廷瓜给福建官员种,命令他们运到台湾播种,不过台湾地区因常有风灾水患,西瓜的收成似乎一直不很理想,如五十八年正月,觉罗满保时已升任闽浙总督,他说台湾"因雨水少,西瓜大较往年为差"。六十一年五月又说去年大风"瓜藤被风刮去,找出瓜根,虽加土灌水培养,仍不开花",后来虽有收成,却是大小不等的产品。不过觉罗满保照旧"叩请圣主再赏大内西瓜籽,于今年适时好生播种",皇帝也回答他"将要赏去"。这是离康熙皇帝辞世前五个多月的事。

康熙皇帝不因台湾试种西瓜不甚理想而停赐瓜种,相反地,他十年如一日地与福建官员为培育台湾西瓜而操心,如此地有热心与耐心,实在难能可贵。

在往昔以农立国的时代,中国历代君主都是重视农业的,因为农事丰歉关系着民生经济;而康熙皇帝又是一位极富研究精神的人,他对农产品的培育与推广更有着很大的兴趣。他曾经花费三四十年的时间在京中丰泽园里培育水稻,结果成功地长成一种"米色微红而粒长、气香而味腴"的"御稻米"。这种优良品种从此"生生不已,岁取千百",虽然多年来御稻米仅供内廷膳食之用,但是皇帝是有"愿与天下黎民共此嘉谷"心意的,所以到他试种成功之后,便颁赐稻种给江宁、苏州、扬州以及江西、浙江、安徽等部分地区的官员,进行试种,甚至塞外也有地方得到推广种植的。

康熙皇帝关心与推广农业的兴趣,显然是至老而不削减的。他在所写的一篇《刈麦记》里曾说:"朕念切民依,痌瘝一体。年近七旬,精力渐衰,扶杖而阅耕种,临畦而观刈获,遇雨旸时若,则收割之际,苍颜野老,共庆有秋。黄口稚子,无愁乏食。此朕一时之真乐也。"

康熙皇帝关心民生，对农业产品的培育与推广又有兴趣，更有与民共享成功果实的胸襟与心愿，这可能就是他不断赏赐优良瓜种到台湾试种的原因吧。

四十九
康熙皇帝与台湾芒果

　　台湾气候温热、物产富饶，尤其适于农作，稻米瓜果，易于生长，且种类繁多；不过，芒果这项水果，似乎不是当地原有的产物。古籍里有关台湾一地蔬果生长的记事，早期的极为简略，如三国时代沈莹在《临海水土志》中只说："土地饶沃，既生五谷，又多鱼肉。"《隋书》上也记载："土宜稻、粱、𪎭黍、麻、豆、赤豆、胡豆、黑豆等。"没有提到任何水果。即使到了17世纪初年，明朝陈第在他的《东番记》里，谈到当时台地的蔬果也仅有大小豆、薏仁以及、姜、椰子、毛柿、佛手柑、甘蔗等等，未见有芒果的名目。况且以上各书，至今仍有人怀疑其真实性。甚至到明末天启年间，荷兰人窃据台湾以后，他们在嘉南平原现今佳里一带地方，也只见到"地虽甚肥沃，但不种苗，亦不播种，又不耕作"，地上多产槟榔子、香蕉、柠檬、橘子、匏瓜、西瓜、甘蔗等。至于首次提到台湾有芒果的文献，可能是蒋毓英所纂修的《台湾府志》了。蒋毓英是台湾内附清廷后的第一任台湾知府，他在康熙二十四年（公元1685年）开始率员修纂《台湾府志》，书中卷四为"物产"篇，其中《果之属》条下有名叫"檨"的水果，并加注说："乃红夷从其国移来之种，株极高大，实如猪肾，三四月间，味酸如梅，采而盐之，可作菜品，病者亦宜。至五六月间盛熟，皮有青有黄，肉有黄有白者，有微根在核，将食须用小刀剖之，味甘或带微酸，计有香檨、木檨、肉檨三种。木檨味胜肉檨，香檨其尤者也；即外国志所载南方有果，其味甘，其色黄，其根在核者，是也。"荷兰人据台湾南部达三十八年之久，即从明熹宗天启四年至清圣祖康熙元年（公元1624～1662年），显然芒果是在荷据台湾期间引进种子或树苗而在台湾繁殖成功的。

清朝人主台湾以后，不但给这一国外珍果记录文献，同时也在康熙皇帝的支持下移植到了中国的北方，在康熙五十八年（公元1719年）三月二十八日的一件满文写的奏折里，闽浙总督觉罗满保向皇帝报告说："……再台湾所产蕃酸树、蕃茉莉、竹子、亚焦等物，恭缮汉文进单交付千总李岩，与贡品一并奏进圣主阅视。蕃酸果子至夏至方熟，俟成熟后再赍进御览。"奏报中的"蕃酸树"与"蕃酸果子"满文音译为"fansuwan"，是从当地人的发音译成的，也就是文献里的"檨"或今日通称为芒果的水果。康熙皇帝收到觉罗满保的这份奏报后，随即以朱笔批写道："知道了。此类东西皆无用，且前所得者，朕已移植，繁殖甚多，京城各处均已种植，不必再进。若系朕欲览之物，再寄信去。"可见觉罗满保先前已将芒果树进呈到了北京，皇帝也将这些树苗遍植京城了。

大约一个月以后，即康熙五十八年四月二十九日，觉罗满保又恭呈了一份满洲文写的报告，内容与同日福建巡抚吕犹龙所写的汉文奏折几乎一样，吕文中称："福建有番檨一种，产在台湾，每于四月中旬成熟。奴才于四月二十八日购到新鲜者，味甘微觉带酸，其蜜浸与盐浸者，俱不及本来滋味。切条晒干者，微存原味，奴才亲加检看，装贮小瓶，敬呈御览。……"康熙皇帝在吕犹龙的报告后批写了如下的一段话："知道了。番檨从来未见，故要看看，今已览过，乃无用之物，再不必进。"

康熙皇帝在批语里一再强调芒果是"无用之物"，我想可能与不能食用有关，因为芒果由台湾先运到福建，再由专差进呈北京，以清初驿站传递情形看，费时至少一个多月，芒果能否保持新鲜不损坏腐烂，实在大有问题，既不能食用，当然是"无用之物"了。另外也有可能皇帝将有远行或是他根本不喜欢芒果，进呈这些"无用之物"，徒然"有劳旱路民力"，这更是皇帝不愿的事了。就像康熙五十三年正月，福建官员进呈荔枝进京一样，康熙皇帝清楚地批写了："今暑前即去热河，所进荔枝并无用处，况朕极不好荔枝，故着停送。"

我们知道：康熙皇帝一向是提倡农事、关心民生的，他曾经说过："自幼喜欢稼穑，所得各方五谷菜蔬之种，必种之，以观其收获。"而且有"诚欲广布于民生或有裨益"的心愿。他想看看从未见过的南方鲜果番檨，并将檨树繁殖京中，相信不是为满足一时的口福，而是与他农本思想有关的。

康熙皇帝在废皇太子胤礽时就说过他"未卜今日被鸩，明日遇害"，似乎他的生命是在危急环境中，随时会被人杀害或毒死的。康熙五十六年，皇帝又谈到梁武帝台城之祸与隋文帝见害于逆子炀帝之事，甚至感慨地说《尚书·洪范》篇中所谓的"五福"以"考终命列于第五者，诚以其难得故也"，他像似暗示他未必能善终。因此在他死后，有人传说："圣祖皇帝在畅春园病重，皇上（指雍正）就进了一碗人参汤，不知何故，圣祖皇帝就崩了驾，皇上就登了位。"这一传说就是意谓雍正皇帝以人参汤害死他父亲康熙的。由于康熙晚年一再提到可能被人毒害，这一传闻在当时以及日后很为人所重视，甚至不少人信以为真。

康熙究竟是怎么死亡的呢？据清朝官书里说：在康熙六十一年（公元1722年）十月二十一日，皇帝去了皇家狩猎场南苑打猎。十一月初七日因身体不适，回到他在北京城郊的畅春园宫中休养。同月十五日冬至要举行南郊祭天大典，他觉得自己不能亲自主持，乃命令皇四子胤禛也就是后来的雍正皇帝代表他去祭祀。胤禛遵命前往斋所准备祭典，每天也派侍卫或太监到畅春园问安，皇帝都告诉他"朕体稍愈"，大家以为皇帝生病不严重。没有想到十三日凌晨，皇帝病情突然转剧，立即命令胤禛从斋所赶来畅春园，其他皇子多人都比胤禛先到了皇帝病榻旁边，康熙告诉他们大家："皇四子胤禛人品贵重，深肖朕躬，必能克承大统，着继朕登基。"胤禛到当天上午十点左右才赶到畅春园，曾三次进入寝宫问安。当晚八点左右皇帝终因病重不治，逝世于畅春园。

康熙末年，因为废储后未立皇太子，皇子们大家结党斗争。康熙死后，这场继承斗争更是加剧。皇八子胤禩等后来被处分下狱，其门下太监、侍卫被充军的人很多，这些人在充军途中，到处向百姓说雍正以人参汤毒死皇帝的事，因而康熙被毒死的传闻就在民间传布开来了。

康熙是不是如传说一样的被一碗人参汤毒死的呢？这件事的可能性不大，因为按照清宫定制，皇帝在进膳、进药之前，都需要由亲近太监或侍卫先试食、试饮，以免食物有毒。康熙早就担心有人会毒害他，他的防范必然更严。再说康熙一直反对人以人参进补，尤其他认为"北人与参不合"，所以他不会喝人参汤的。传说只是胤禩等门下人散发的谣言而已。

如果我们再看看康熙晚年的身体，他的健康情况确是不太好的。根据可靠史料的记载，他自康熙四十七年初废皇太子之后，就大病了一场，不少大臣从邸钞中知道这项消息，都纷纷上奏向皇帝请安，祝福他早日康复。皇帝在大臣们的奏折上也常常批些字反映他当时健康情形的文字。例如川陕总督齐世武在该年十一月十七日上了恭请万安折，皇帝批道："自尔去后，朕体渐弱，心跳加增甚重。……目下想是无妨，只是虚弱。"十二月十日直隶巡抚赵弘燮也上疏请安，御批是："朕体虽然比前安好，气血不能全复，甚弱。"第二年正月，皇帝尽管对闽浙总督梁鼐批说："朕大安了，还瘦弱些。"但是他已下令要内务府官员向全国首长征集西洋葡萄酒来京，因为这是"大补之物"，皇帝竟"每日进葡萄酒几次"，而且"甚觉有益"了。

皇帝的病体显然不是葡萄酒能医好的，到康熙五十年底，天坛大祭时，他几乎不能亲自去主持了，后来他勉强"亲诣行礼"，但无奈地说出："朕今年已六十，行礼时两旁少为扶助亦可。"体力不支，由此可见。

康熙五十四年冬天，皇帝自己说他"此番出巡，朕以右手病，不能写字，用左手执笔批旨"。第二年正月，手臂毛病更严重了起来，他曾向赵弘燮说："朕偶然风吹，所以左手连臂，少有违和，故用汤泉洗浴，身不入水，近来深得效验。"

康熙五十六年皇帝在夏初去热河避暑山庄，五月底大学士嵩祝写了一份奏折向皇帝请安，康熙批语则充分说明了他的心态。他说："在宫中时身体不甚好，原以为勉强来口外水好之处，大概可以健康矣。至今朕体未见甚好，行走需人搀扶。甚虚弱，何言万安，一安亦无。"同年十月间他向大臣坦陈："朕近月精神渐不如前，凡事易忘。向有怔忡之疾，每一举发，愈觉晕迷。"同年十二月，皇太后病逝，他心情更坏，也影响到了病情。他在宫里向皇太后遗体行礼时，都是"乘软舆，脚背浮肿，不能转移，用手帕缠裹，才能转动"的。

康熙五十七年正月，皇帝曾两次在大臣的奏折上批写了与他身体有关的文字。一是说："不幸身罹大忧，肢体不能动履，已寝卧五旬矣。"另一则是："朕体自去年春夏之交不安，留心调养渐愈，面色渐丰。……自热河来京，心中沉闷，身体有疾，又值皇太后大事，总无暇调治，以致身体甚是不安者七十余日。……今已年高，病虽渐愈，手尚作颤，不能实时复旧。"可见皇帝在过去一年之中，一直是在与病魔缠斗，健康情形不是很好的。同年二月，他的病况似乎更坏了，二月中旬他说："若谓朕安，则羸弱已极，仅存皮骨，未觉全复，足痛虽较前稍愈，步履犹艰。"同月底的一份大臣报告上他又写道："朕体稍早起，手颤头摇，观瞻不雅。或遇心跳之时，容颜顿改，骤见之人，必致妄生猜疑。"康熙皇帝一直是讲求体面的，现在病得"手颤头摇"、"容颜顿改"，必然会令他伤感到极点的。其后我们看到的文献记录不多，但仍有"走路还需人扶掖"或是"气血渐衰，精神渐减，办事总觉疲惫，写字手亦渐颤，仍欲为当年事事精详，则力有不能”，可见康熙的身体的确大不如前了。而从他的病情与文字描写出的状况看，似乎与心脑血管的疾病有关，甚至有着小中风的现象。

康熙六十年四月官书中又记载他身体“违和”，五月在避暑山庄着了凉，病情加重，“以致面色稍减，或稍行动，或多言语，便不胜倦乏”，他的体力实在很差了，呈现了体弱多病的情况。

康熙六十一年虽去热河木兰行围，但他已不能骑马而是乘坐四人抬的肩舆。后来回京不久又去南苑狩猎，其时气候已转冷，所以有“偶患风寒”的事发生。外国传教士说他“寒颤”、“发高烧”，显然是重感冒引起了并发症，在当年医学不够进步的中国宫廷，皇帝终于病逝了。

康熙这位闻名中外、允文允武的杰出君主，死于康熙六十一年十一月十三日，享年六十九岁。他年轻时身体算是强壮，“能挽十五力弓，发十三握箭”，“天禀甚壮，从未知有疾病”。不过到他五十五岁废皇太子以后，身心交瘁，健康大受影响，尤其到他死前的四五年间，情况日坏一日，手抖、脚肿、摇头、脸麻、头晕、心跳，诸病缠身，终致死亡。人参汤毒害之说应该是一项传闻而已。

古今中外的伟大人物，都有其超人杰出之处，也各有他们的成就与贡献；康熙皇帝当然也不例外。年号康熙的玄烨，在他即位之初，实在乏善可陈，而且他的凭借也不多。可是他却以智慧与胆识，在日后的人生旅途中，克服了很多困难，完成了很多任务，使他在文治与武功方面有极好的表现，他个人的学养与行事上也有令人称道的地方，他也就因为这些而成就了特殊的历史地位。

他幼年登基，却以智取胜，从权臣手中收回了政权。他决心裁撤三藩，消除国内军阀割据局面，从而成就了守成兼创业的艰巨工作。他果敢地重用施琅，解决了台湾问题，统一了当时的中国。他悉心筹划，终于在雅克萨战役中打败了俄军，并在事后以大军作后盾与俄国谈判，签订了《尼布楚条约》，阻止了俄人的进一步东侵。他以崇儒重道为国策，成功地统治了中国。他推行无歧视的用人政策，缓和了清初的民族冲突。他奖励农桑，蠲免租税，恢复了社会元气，使广大民众获得了丰足的生活。他提倡学术，编纂群书，做出不少恢复与弘扬中华文化的工作。他个人勤奋好学，在诗文书法上造诣很深。他谦虚节约，是国家元首中少见的范例。他的成就、贡献与特长实在很多，也在在表现了他的才华出众、天赋异常，实在令人钦服。然而康熙皇帝毕竟不是圣人或是神，他一生行事中值得商榷与评论的地方还是有的，现在举出专家学者们曾经指出过的，或是我个人的看法，有关康熙做人处事以及他的事功地位问题，略加分析论述如后：

康熙一直倡行并标榜理学，自己也想做一个理想的儒家君主；可是他的若干行为却还远不合传统中国儒家的精神。例如他并不太注重尊师重道这一儒家古训。康熙为了让他的儿子们接受良好教育，曾经物色了很多名学者担任皇子们的老师，可是皇帝自己又不完全信任这些学者，没有把教子之责完全付托给老师们。皇帝不但自己为皇子教育制订具体计划，包括教学的内容与规章，并且还随时干预到教学的进行，甚至对老师们做出不礼貌的事。例如康熙在皇太子去书房上课之前，他先亲自教授太子，有时皇太子便以从他父亲口中所得的知识去反问老师，如"古井田之制八家为井，人各百亩。若不及百亩，七十亩、八十亩，或偏隅之地，作何均分？"老师们常常"不能讲"，或是"未能对"，使得老师们受窘难受。更不当的是皇帝本人有时来到书房，当着皇子们的面前，问些"钦四邻如何"？或是"火之性能迎而不能随故灭，水之体能随而不能迎故热如何"的问题，让名师们"未能对"而颜面无光，这种身教方式实在有可议之处。另外，像汤斌、耿介这些大儒，被选为皇太子的老师时，都已年过六十，身体又不太好，所以在每天长达十几小时的陪皇子读书过程中，经常有"几至颠仆"与"斜立昏盹"的情况，老人们实在是因体力不支才如此的，因为他们在教学时不是下跪就是"侍立书房东侧"，皇太子竟不让老师们坐下，真是事师的礼遇不周。康熙后来知道了此事，并没有责备他的儿子，要他们尊师敬师，反而有抱怨汤斌、耿介之意，且不说儒家五伦未被重视，即孔孟强调的人与人间应流露真诚合礼的同情心即"仁"心，也未能被康熙父子发扬，实在值得检讨。尤其令人觉得不可思议的，康熙有一次去瀛台教皇子射箭，随行的皇子老师徐元梦因"不能挽强"，被皇帝"蜚语诘责"。徐元梦向皇帝解释时，玄烨震怒，在皇子们面前，将这位老师"朴责，被重伤，命籍其家，父母皆发黑龙江安置"。老师的尊严荡然无存，康熙的失当行为当然也在他儿子们心中造成不良的影响。

康熙的俭朴是出名的，他自己平日的生活很简单，费用也不大。而宫中花费，他也自豪地说过：清朝入关后三十六年宫中所费总金额不如明末一年宫中的消费。这一说法或许稍有夸张；不过康熙时代的皇家支出确实是很节省的。但是康熙皇帝一生喜欢到各地巡幸，经常狩猎，尤其到康熙四十年代以后，避暑山庄建成之日，每年都到热河居住行猎好几个月，不但随行的人很多，还动员各地八旗武员参加，中央与地方都得筹措大量经费，这也不能不说是国家资源的一种浪费。儒家理想君主是不可以"耽于游猎"的，康熙似乎违反了传统中国的古训。

康熙在《庭训格言》中常提到"多读书则嗜欲淡"，或是"平日不自放纵"，教育他的儿子们要清心寡欲。可是他一生先后娶了后妃五十多人，而且到了晚年他还不断地从江南挑选年轻女子到宫中来做妾。这些事实却刚好给他儿子一个活生生的示范，就在康熙还在世时，曹寅的报告中已经透露出皇子效法皇父的行径，有不少人也从苏州等地买来女子，充实后宫，供这些贵胄子弟玩乐了。康熙言行不一由此又得到一项例证。

康熙不但不能清心寡情欲，他对物欲显然也是清除不了的。从他最后几次南巡的情形看，他对戏曲与古玩的爱好，似乎已经到了专情的境地了。从江南物色优伶、购买丝竹器材、自己研创乐曲、宫中备有戏班等等，足以说明他的投入与陷入都很深了，加上古玩的爱好，不但提倡"玩物丧志"的风气，也使官场掀起贪渎与奔竞之风。康熙本人对这些多少要负些责任的。

康熙在他的子孙与日后御用史家的塑造下，给人的印象他是一位仁厚的君主，不具专制淫威的皇帝。可是在储君废立的事件中，他的表现却并非如此。他几乎给他成年的儿子都革过爵，或关过牢，父子家人的温情根本不存在了。特别对那些奏请复立胤礽的大臣，像朱天保、陶彝等人，不是处死，就是充军，君主权威可谓发挥到了极致。不说全无仁厚之心，就连理性也都丧失了，他几乎成了独夫型的皇帝。

康熙唯我独尊、万事专断的事实在史料里还可以发现很多，例如尽撤三藩、征伐台湾、平定准部、击败帝俄以及讨准援藏等的军事行动，都是皇帝乾纲独揽下制定的政策，也都是对国家安全与统一有贡献的。但是也有一些独断独行的重大国事决定，则未必都是成功的，甚至还可能贻害日后的。像是台湾内附后开放的海禁政策，到康熙五十五年，皇帝突然宣布商贾"南洋不许行走"，他的此一决策却使中国在南洋丧失了若干当时政治与经济上的优势。他在晚年禁止天主教传布，则切断了中国与世界先进文化的联系。矿产的禁采也是皇帝对国家大政的一项改变，结果使国家财政收入减少，也使手工业材料发生缺乏，对社会经济影响很大。黄河治理曾是康熙"日夜廑念"的大问题，他曾大力支持靳辅等人治河，可是后来却又罢了靳辅的官，延误了这项"济运通漕"的工作，也影响到了国家财政与秩序的安定。类似的事例还有很多，在在说明康熙由一己意志所定的政策有时是有问题的。

当然康熙是三百多年前的帝制中国君主，时代的局限性我们也应该考虑到才是，评定历史人物确实应该审察他们的时代背景，就以康熙来说，他自幼即发觉皇权被侵夺，所以他一生重视皇权的伸张。他的政权是"异族入主"，当然他要预防各族人的反侧，包括西洋来的异国人。他知道地方经济与人民福祉很重要，应该关心；但是国家的根本利益仍然必须高过地方利益，一切国家重大政策的制定，仍以长治久安、政权稳固为先。如果我们了解这些，也许对康熙的国惟一主、乾纲独揽等思想作风，就有新的认识了，也许就不必太苛求这位名君了。他毕竟还是中国历史上难得的皇帝，在文治与武功方面都是建树可观的。

图书在版编目(CIP)数据

康熙写真/陈捷先著. —北京:商务印书馆,2010.12
ISBN 978 - 7 - 100 - 07578 - 7

I.①康…　II.①陈…　III.①康熙帝(1654~1722)
—传记　IV.①K827＝49

中国版本图书馆 CIP 数据核字(2010)第 244250 号

所有权利保留。
未经许可,不得以任何方式使用。

康 熙 写 真

陈捷先 著

商 务 印 书 馆 出 版
(北京王府井大街 36 号　邮政编码 100710)
商 务 印 书 馆 发 行
北 京 京 海 印 刷 厂 印 刷
ISBN 978-7-100-07578-7

2011 年 4 月第 1 版　　　开本 680×960　1/16
2011 年 5 月北京第 2 次印刷　印张 14　插页 8
定价:34.80 元